Chinesische Mythen

Mythen alter Kulturen

Ägyptische Mythen
Aztekische und Maya-Mythen
Chinesische Mythen
Griechische Mythen
Keltische Mythen
Mesopotamische Mythen
Mythen der Inka
Nordische Mythen
Persische Mythen
Römische Mythen

Mythen alter Kulturen

Anne Birrell

Chinesische Mythen

Aus dem Englischen übersetzt
von Christian Rochow

Mit 45 Abbildungen
und 1 Karte

Philipp Reclam jun. Stuttgart

Titel der englischen Originalausgabe:
Chinese Myths. London: British Museum Press, 2000.
(The Legendary Past.)

Die Deutsche Bibliothek – CIP-Einheitsaufnahme

Birrell, Anne:
Chinesische Mythen / Anne Birrell. – Stuttgart : Reclam, 2002
ISBN 3-15-010496-3

Umschlaggestaltung: Werner Rüb, Bietigheim-Bissingen
Kartenzeichnung: Theodor Schwarz, Urbach
Satz: W. Röck GmbH Druck + Medien, Weinsberg
Druck und buchbinderische Verarbeitung:
Franz Spiegel Buch GmbH, Ulm
Printed in Germany 2002

ISBN 3-15-010496-3

www.reclam.de

Inhalt

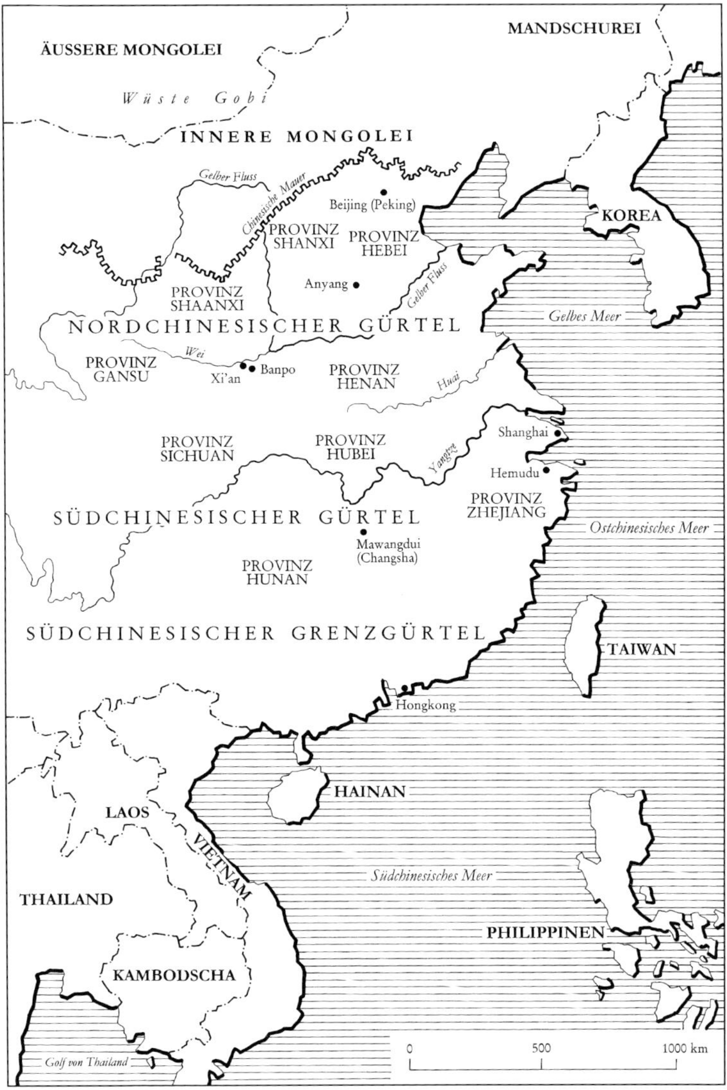

ÄUSSERE MONGOLEI
MANDSCHUREI
Wüste Gobi
INNERE MONGOLEI
Gelber Fluss
Chinesische Mauer
Beijing (Peking)
PROVINZ SHANXI
PROVINZ HEBEI
KOREA
Anyang
Gelber Fluss
PROVINZ SHAANXI
Gelbes Meer
NORDCHINESISCHER GÜRTEL
Wei
PROVINZ GANSU
Xi'an
Banpo
PROVINZ HENAN
Huai
Shanghai
PROVINZ SICHUAN
PROVINZ HUBEI
Yangtze
Hemudu
PROVINZ ZHEJIANG
SÜDCHINESISCHER GÜRTEL
Ostchinesisches Meer
Mawangdui (Changsha)
PROVINZ HUNAN
SÜDCHINESISCHER GRENZGÜRTEL
TAIWAN
Hongkong
HAINAN
LAOS
VIETNAM
Südchinesisches Meer
THAILAND
PHILIPPINEN
KAMBODSCHA
Golf von Thailand
0
500
1000 km

Einleitung

Die Mythologie der chinesischen Kultur und Zivilisation ist in einer Reihe religiöser Erzählungen festgehalten, die berichten, wie die Welt und die menschliche Gesellschaft ihre gegenwärtige Gestalt erhielten. Religiös sind diese Erzählungen insofern, als sie – neben anderen Episoden – Taten von Gottheiten verzeichnen, und weil sie die am tiefsten empfundenen geistigen Werte der Nation verkörpern. Die im Westen allgemein akzeptierte Definition des Mythos als einer »religiösen Erzählung« entspricht genau dem chinesischen Begriff für Mythos: *shen-hua*. *Shen* bedeutet »göttlich, Gottheit, heilig«; *hua* »Rede, Geschichte, mündlich vorgetragene Erzählung«. Die Mythen umfassen thematisch allerdings weit mehr als Berichte von Göttern; sie erzählen von Weltzerstörungen durch Flut, Feuer, Dürre, Hunger, von Nahrungsmitteln, Exil und Wanderungen, von Führungsqualitäten und menschlichen Regierungen, von Helden und der Gründung von Dynastien, Völkern und Sippen.

Die moderne mythologische Forschung bezieht die Wissensgebiete der Anthropologie, der Altertumswissenschaften, der vergleichenden Religionswissenschaft, der Geschichte, der Volkskunde, der Literatur, der Kunst und der Psychologie ein. Sie greift damit viel weiter aus als die mythologische Forschung des 19. Jahrhunderts, die sich stärker auf die Frage nach den Ursprüngen der Mythen konzentrierte und die Mythen als Erklärungen der primitiven Wissenschaft und der primitiven Gesellschaften verstand. Verglichen mit der Erforschung der abendländischen Mythologien, insbesondere jener der griechischen und römischen Antike, steckt das

Studium der chinesischen Mythen noch in den Kinderschuhen. Anfangs wurde die Erforschung der chinesischen Mythologie stark von der Frage nach den Ursprüngen der Mythen und ihrem Erklärungsgehalt bestimmt, verfolgte also einen »ätiologischen« Ansatz; doch neuerdings werden auch jüngere Theorien der vergleichenden Mythologie und die Erkenntnisse aus den Untersuchungen von Mythologien anderer Völker der Welt stärker berücksichtigt. Dabei erweist sich die chinesische Mythologie als eine kostbare und faszinierende Schatztruhe voller mythischer Themen, Motive und Archetypen.

Die Themen und Fragestellungen der chinesischen Mythen lassen sich auf die kulturellen und umweltbedingten Faktoren zurückführen, welche der frühesten Form der chinesischen Zivilisation des Altertums ihre Gestalt gaben. Die Anfänge dieser Zivilisation sind unauflösbar verknüpft mit Umweltbedingungen, die ihre Entwicklung begünstigten. Drei verschiedene Zonen ökogeografischer Systeme bildeten sich auf der Landmasse Chinas heraus. Der nordchinesische Gürtel besitzt ein gemäßigtes Klima, seine fruchtbaren Ebenen werden vom Gelben Fluss bewässert. Das Vorkommen von Hirse und Hanf, Maulbeer- und Obstbäumen sowie von großen Flächen Weideland begünstigte die Entwicklung von wilden Pflanzen und Tieren, deren Domestikation und die Ansiedlung von Menschen. Doch waren harte Winter, lang anhaltende Dürreperioden und katastrophale Überschwemmungen in dieser Region keine Seltenheit. Die zweite Zone, der vom Yangtze bewässerte südchinesische Gürtel, besitzt hingegen ein ausgeglichenes, mildes und feuchtes Klima. Den Pflanzenwuchs begünstigt das Fehlen eines ausgeprägten Winters. Die auf einem Bewässerungssystem basierende Landwirtschaft ist durch den Anbau von Reis, Bohnen, Lotus und Bambus sowie von Fischerei und Schildkrötenjagd bestimmt. Die dritte Zone ist der Gürtel des äußersten Südens von China mit einem tropischen Ökosystem und reichen Fischgründen an den Küsten.

Die verschiedenen, aber gleichermaßen günstigen Umweltbedingungen im Norden und im Süden Chinas führten dazu, dass sich in China zwei Ursprungszentren der menschlichen Kultur heraus-

bildeten und dass zahlreiche Gemeinschaften von einem ähnlichen wirtschaftlichen Niveau, aber mit unterschiedlichen kulturellen Systemen entstanden. Die ältesten bekannten menschlichen Siedlungsstätten in China stammen aus der Jungsteinzeit. Es handelt sich um die Siedlungen bei Banpo im Tal des Flusses Wei in Nordchina (nahe dem heutigen Xi'an in der Provinz Shaanxi), sowie bei Hemudu im Tal des Yangtze in Südostchina (Provinz Zhejiang). Diese Zentren dörflicher Landwirtschaft lassen sich im Falle Banpos auf etwa 5000 v. Chr. und im Falle Hemudus mithilfe von Radiokarbonbestimmungen auf 3718 v. Chr. datieren.
Die Umweltfaktoren (Klima, Gelände, Vegetation, vorkommende Tiere, mineralische Ressourcen, Topologie) trugen dazu bei, dass sich nach und nach verschiedene Ackerbaugemeinschaften in den großen Flusstälern des Gelben Flusses (Huang Ho), des Wei und des Han in Nordchina, im Tal des Huai in der Zentralregion und des Yangtze in Südchina bildeten.
Um die Entwicklung der chinesischen Zivilisation zu verstehen, ist außerdem ein Blick auf die Grenzen und Nachbarländer Chinas im Altertum erforderlich. China war in einem gewissen Ausmaß von natürlichen Grenzen geschützt. Im Norden bildeten die Wüste Gobi, im Westen die Berge des Kunlun-Gebirges und des Himalaja, im Osten und Südosten das Meer seine Grenzen. Diese geografischen Sperren sorgten dafür, dass die entstehenden Siedlungen in China weder systematisch zerstört wurden, noch unter wiederholten Invasionen von Nachbarvölkern zu leiden hatten. Andererseits ließ die geografische Gestalt dieser Grenzen durchaus Korridore und Verbindungswege zu, die dem kulturellen Austausch förderlich waren. Die moderne Forschung konnte noch nicht abschließend nachweisen, welche kulturellen Erfindungen in China entstanden und welche auf dem Wege des Kulturaustauschs in das Land gelangten. Man glaubt, dass die Hirse, das wichtigste Getreide Nordchinas, aus den fruchtbaren Oasen Innerasiens stammt, während die Ursprünge des Reis wohl in Indien lagen, von wo er über eine Landroute durch Südostasien schließlich nach China kam. Die kulturellen Erfindungen der Schrift und der Metallbearbeitung, die sich die Herrscher des ältesten chinesischen

Staates erfolgreich zu Nutze machten, scheinen von nichtchinesischen Völkern übernommen worden zu sein und sind wohl keine autochthonen Erfindungen der alten Chinesen. Andere kulturelle Einflüsse lassen sich auf Sibirien im Norden, Melanesien im Südosten, Tibet im Südwesten zurückführen. Deren Bedeutung überragen die Einflüsse, die aus Innerasien über das Tarimbecken erfolgten, dessen Völker Kontakte nach Vorderasien und dem Nahen Osten besaßen.

Die relative Isoliertheit der chinesischen Landmasse bei gleichzeitiger Nähe anderer angrenzender Ethnien wirft die Frage nach den Ursprüngen des chinesischen Volkes auf. Angesichts der Größe und der Bedeutung der Region sind sichere Beweise für den Ursprung der hier lebenden Menschen bemerkenswert dürftig. Die wichtigsten Skelettfunde wurden in einer Höhle bei Zhoukoutian in der Nähe von Beijing (Peking) gemacht. Mithilfe des Radiokarbonverfahrens ließen sie sich auf das Jahr 16922 v. Chr. datieren. Früher klassifizierte man sie als Reste des so genannten Pekingmenschen, doch meint man heute, dass sie eher dem Typus der Indianer der amerikanischen Ebenen, nicht aber Menschen von asiatischem oder mongolidem Typus entsprechen. Die ältesten Skelette mongolider Menschen wurden in Südchina, in der Provinz Guanxi entdeckt, doch liegt eine genauere Bestimmung und Datierung dieses Fundes nicht vor. Unsicher ist die Bestimmung eines unvollständigen Schädels aus der Provinz Sichuan (5535 v. Chr.). Die maßgebliche Ansicht ist, dass das chinesische Volk von Menschen mongoliden Typs abstammt, die eine Mischung sehr verschiedener, sehr alter ethnischer Bestandteile darstellten, darunter Vorfahren der späteren Polynesier und Indianer. Doch könnten erst weitere archäologische Erkenntnisse einen Beweis für die Abkunft der Menschen erbringen, die zwischen 10000 und 5000 v. Chr. die chinesische Landmasse bewohnten.

Wenden wir uns der Jungsteinzeit zu, so zeigen Skelettfunde aus den Begräbnisplätzen der Dörfer Nordchinas, die sich auf etwa 5000 v. Chr. datieren lassen, mongolide Merkmale ohne signifikante ethnische Abweichungen. Funde aus einer späteren Zeit des Altertums, aus Opfergruben der späten Shang-Zeit (um 1200

v. Chr.) zeigen hingegen eine große ethnische Vielfalt, darunter Menschen melanesischen, kaukasischen und des Eskimo-Typus. Doch muss die ethnische Herkunft von Menschen, die in Opfergruben begraben wurden und bei denen es sich vermutlich um fremdstämmige Kriegsgefangene handelte, möglicherweise von der ethnischen Identität der Zivilisation, die in China während des späten zweiten und frühen ersten Jahrtausends v. Chr. entstand,

Bronzeaxt mit der Darstellung des klaffenden Mauls eines dämonischen Ungeheuers, Shang-Dynastie

getrennt betrachtet werden. Neuere Forschungsergebnisse lassen zumindest einige sichere Schlussfolgerungen zu. Erstens zeigt die jungsteinzeitliche Bevölkerung des Nordens eine beträchtliche physische Homogenität. Zweitens ist die Bevölkerung Nordchinas seit der Jungsteinzeit (um 5500 – um 2000 v. Chr.) erstaunlich homogen geblieben. Drittens lassen diese Daten den Schluss zu, dass es weder um 5000 v. Chr. noch später signifikante Wanderungsbewegungen oder Invasionen von fremden Völkern gegeben hat.

Von den drei ökologisch-geografischen Systemen im chinesischen Großraum erwies sich der nordchinesische Gürtel als für die Entstehung des ersten chinesischen Staates und für die Anfänge der chinesischen Zivilisation besonders günstig. Von früh an breitete sich die dortige Kultur aus: Es entstanden in den Flusstälern des Gelben Flusses, des Wei, des Han, des Huai und des Yangtze zahlreiche ethnische Gemeinschaften, deren Merkmale in der Jungsteinzeit alle gleichmäßig ausgeprägt waren. Eine dieser Gruppen wurde gegen 1700 v. Chr. zum bestimmenden Machtfaktor in der am Gelben Fluss gelegenen Region der zentralen Ebene. Aus ihr entstand die erste chinesische Dynastie der Shang, deren Machtzentrum die Stadt Anyang (in der heutigen Provinz Henan) war. Anhand der Töpferwaren lassen sich zwei separate jungsteinzeitliche Kulturen in Nordchina unterscheiden: In dem genannten Gebiet am Gelben Fluss blühte die Yangshao-Kultur, die ihre Töpferwaren bemalte; südlich und östlich davon umfasste die Longshan-Kultur, die an unbemalten schwarzen Töpferwaren kenntlich war, ein großes Gebiet. Der Staat der Shang-Dynastie entstand aus der Longshan-Kultur der Provinz Henan. In einem Zeitalter beispielloser kultureller und technologischer Innovationen errang er die führende Stellung. Der Erfolg der Shang beruhte auf ihrer überlegenen militärischen Organisation, auf der Kontrolle über die Nahrungsmittelproduktion, auf der Anlage städtischer Siedlungen, auf verwandtschaftlichen Institutionen, einer Priesterschaft, einem entwickelten Transport- und Kommunikationswesen und einer ausgesprochen kraftvollen künstlerischen Formensprache. Der Shang-Staat besaß die Macht und die Autorität, die Errichtung

Bronzegefäß, gui, *spätes 11. Jahrhundert v. Chr.*

eindrucksvoller Bauwerke anzuordnen und Spezialisten (Schreiber, Soldaten, Gefolgsleute, Kunsthandwerker) zur Unterhaltung des Staatsapparates und zur Durchführung großer ritueller Zeremonien an sich zu binden. Bei den Begräbnisfeiern für Mitglieder der herrschenden Elite wurden auch Menschen geopfert.

Zwei Faktoren spielten eine entscheidende Rolle beim Aufstieg des Shang-Staats und bei der Entstehung der chinesischen Zivilisation. Die Technologie der Bronzeherstellung und -bearbeitung begründete seine militärische Überlegenheit und die Überlegenheit seiner materiellen Kultur. Die Erfindung eines brauchbaren, aus Wortzeichen bestehenden Schriftsystems (um 1200 v. Chr.) ermöglichte verbesserte Methoden der gesellschaftlichen Organisation: Bürokratie und Verwaltung konnten nunmehr den Handel, die kalendarische Regulierung der Landwirtschaft, die Außenpolitik, die Schließung von Bündnissen und die religiösen Zeremonien kontrollieren und ordnen.

Zentrale Bedeutung für die Identität und das Funktionieren des Shang-Staats kam dem Konzept des Priesterkönigs zu. Der König führte die Orakel durch, die sich an die Ahnen wandten, er veranstaltete Rituale zu Ehren der Ahnen, er zog in einer sakralen und symbolischen Prozession durch das Shang-Territorium, hielt Audienzen ab, verlieh Ehrenstellen, hatte die Führung im Krieg inne und leitete die königlichen Jagden. Der König war an keinen festen Ort gebunden, da es auch keine eigentliche Hauptstadt des Shang-Reiches gab, sondern mehrere Orte, die als rituelle und technologische Zentren sowie als Begräbnisplätze dienten. Der König regierte durch die Fürsprache des großen Gottes Di.

Eine der nordwestlichen Regionen, die die Shang-Könige besuchten, war das Flusstal des Wei westlich des Gelben Flusses, das von dem Volk der Zhou bewohnt wurde. Die Zhou gehörten zu einer von den Shang verschiedenen ethnischen Gruppe, nahmen aber die kulturellen Einflüsse der Shang auf. Sie waren ein kriegerisches Volk, das schließlich die Herrscher der Shang besiegte und die Zhou-Dynastie begründete (um 1123 v. Chr.). Die Gesellschaft des Zhou-Reichs setzte sich aus strikt definierten Klassen und Funktionen zusammen, wobei der Kriegsführung und der landwirtschaftlichen Produktion die Hauptbedeutung zukam. Die Könige der Zhou betrieben mit militärischen Mitteln die Einigung der diversen Gemeinschaften im Norden und Süden; ihre Macht reichte schließlich von den Gebieten der heutigen Mandschurei und Inneren Mongolei bis in die Gegenden nördlich und südlich des Yangtze. Aus den Siedlungen dieser Gebiete entstand eine lose Föderation von Königtümern (*guo*), das Zhou-Reich. Die militärische Expansion stützte sich auf eine hierarchische Kriegeraristokratie und eine Bauernschaft, die zu Militärdienst und Zwangsarbeit herangezogen wurde.

Die Zhou regelten ihr politisches und gesellschaftliches System mit moralischer Strenge; Spuren davon finden sich noch in dem ältesten literarischen Werk Chinas, dem *Buch der Lieder* (*Shi jing*), das gegen 600 v. Chr. entstand. An die Stelle des großen Gottes Di, den die Shang verehrt hatten, setzten die Zhou den Himmelsgott Tian, als dessen Sohn (Tian Zi) der König der Zhou galt. Bei ihren Orakeln verwendeten die Zhou Scharfgarbenstängel; die Weissageverfahren erreichten ihren klassischen Höhepunkt in dem aus der Zhou-Zeit stammenden *Buch der Wandlungen* (*Yi jing*).

Das politische System des Zhou-Reichs hatte mehrere Jahrhunderte lang Bestand, doch im 4. Jahrhundert v. Chr. zeigte es deutliche Zerfallserscheinungen. Schon 771 v. Chr. hatten die Zhou einen Machtverlust hinnehmen müssen, und die Hauptstadt war von Xi'an nach Luoyang weiter im Osten verlegt worden. Gleichwohl hatte der König der Zhou die nominelle Oberherrschaft über das Bündnis der Königtümer bewahren können. Nach und nach aber wurden diese Königtümer zu selbständigen Zentren politischer, militärischer und wirtschaftlicher Macht. Sie begannen zu größeren Staatswesen zu verschmelzen, die in der Periode der Kämpfenden Staaten (5.–3. Jahrhundert v. Chr.) um die Vorherrschaft innerhalb eines wieder vereinigten Reiches rangen. Dem militaristischsten dieser Königtümer, dem Qin-Staat

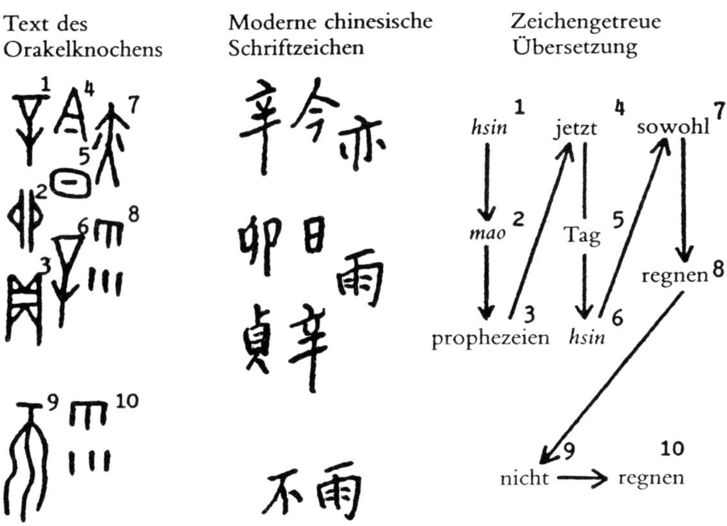

Übersetzung der Inschrift eines Orakelknochens: »An diesem xin-mao-*Tag weissagen wir, ob es heute,* xin (hsin), *regnen wird oder nicht regnen wird.«*

in der nordwestchinesischen Provinz Shaanxi, gelang es schließlich, die verbliebenen Zhou-Königtümer zum ersten eigentlichen chinesischen Reich zu vereinigen. Das Qin-Reich bestand zwar nur sechzehn Jahre, doch ihm schloss sich das vier Jahrhunderte währende Han-Reich an, das die gesellschaftliche und ökonomische Politik des Qin-Reichs weiterführte und seine Macht konsolidierte.

Zwar besaßen schon die Shang ein Schriftsystem, doch wurde dieses hauptsächlich bei den Orakeln verwendet, die zunächst die Priesterschaft und später allein der König durchführte. In Anyang wurden Tausende von Inschriften auf Orakelknochen entdeckt. Die Shang verwendeten ihre Schrift also nicht dazu, ihre Ursprungsgeschichten, Mythen oder ihre Sakralgeschichte aufzuzeichnen. Der Zerfall des Zhou-Reichs im 4. Jahrhundert v. Chr. führte zu einer kulturellen Aufsplitterung und der Auflösung älterer Wertsysteme. Damit entstand das Bedürfnis, dass Schriftsteller das durch mündliche Überlieferung weitergegebene Erbe der Sakralgeschichte aufzeichneten und so für die Nachwelt aufbewahrten. Da die von diesen klassischen Schriftstellern aufgezeichneten verschiedenen Mythen-Versionen vergleichsweise übereinstimmend sind, darf vermutet werden, dass sich die Autoren auf einen gemeinsamen Bestand mündlicher Überlieferungen stützten, die aus einer Zeit stammten, ehe die ersten Mythen in Chinas ältestem literarischen Werk, dem *Buch der Lieder*, aufgezeichnet wurden. Doch nur wenige Mythen, die erkennbar den Shang oder Zhou zuzuordnen sind, blieben erhalten. Der überwiegende Teil des aufgezeichneten mythischen Materials lässt sich nicht datieren; sein hohes Alter erschließt sich nur aus der Datierung der schriftlichen Texte, die ihrerseits auf archaischen mündlichen Überlieferungen beruhten.

Die Mythen des antiken China, die der mündlichen Überlieferung entstammten, wurden, als im Zeitalter der Philosophen literarische Texte entstanden (6.–3. Jahrhundert v. Chr.), in klassischen Werken festgehalten. Zur Zeit des Niedergangs der Zhou-Dynastie lebten bedeutende Denker und Schriftsteller wie Konfuzius und der aus seiner Schule hervorgegangene Menzius oder der

☰	Qian	Himmel	☵	Kann	Wasser, Mond
☷	Kun	Erde	☲	Li	Feuer, Sonne
☳	Zhen	Donner	☶	Gen	Berg
☴	Sun	Holz, Regen	☱	Dui	Sumpf

Der große Gott Fu Xi erfindet die Hexagramme des Yi jing (I Ging)

Daoist Zhuang Zhou. Das antike China besaß keinen Hesiod, keinen Homer, keinen Ovid, die die mündlichen mythischen Traditionen ausführlich nacherzählt hätten. Die chinesischen Autoren nahmen jedoch einzelne Passagen aus mythischen Geschichten in ihre philosophischen oder historischen Schriften auf, um mit diesen ihre Argumente zu illustrieren und ihren Aussagen Autorität zu geben. Die chinesischen Mythen existieren somit in Form einer amorphen, diffusen Vielfalt von anonymen archaischen Aussagen, die im Kontext philosophischer, literarischer und historischer Texte erhalten blieben. Diese Aussagen sind deshalb kurz, zusammenhangslos und änigmatisch. Die mythischen Fragmente wurden in verschiedenartige klassische Texte einbezogen und weichen in der Erzählung voneinander ab, da die Autoren häufig den Mythos ihrem eigenen Standpunkt anpassten. Somit überlebten die chinesischen Mythen in zahlreichen Fassungen, deren Inhalt mehr oder weniger der gleiche ist, während es eine signifikante Variation in den Details gibt. In Griechenland und Rom brachte die Umformung der archaischen, mündlich überlieferten Mythen zu einer Gattung der künstlerischen Erzählliteratur einen Verlust der authentischen Mündlichkeit, der »Stimme« mit sich; das chinesische Verfahren, mythische Fragmente als ungeordnete, variierende Geschichten festzuhalten, ermöglicht einen seltenen Einblick in eine authentische Ursprünglichkeit.

Thematisch zeigen die chinesischen Mythen eine bezeichnende Parallelität zu denen anderer Mythologien der Welt. Die Unterschiede liegen in ihrem zentralen Interesse und in der kulturellen Eigenart. Wichtige mythische Themen werden in mehreren Versionen erzählt, so die sechs Geschichten von der Erschaffung der Welt und die vier mythischen Geschichten von der großen Flut. Das Weltbild eines chinesischen Schöpfungsmythos zeigt Ähnlichkeiten mit der Kosmologie des alten Ägypten. Andere Weltursprungsmythen der chinesischen Tradition stehen darin zu dem biblischen und zu anderen Ursprungsmythen im Gegensatz, dass sie von keiner göttlichen Ursache beziehungsweise keinem Schöpfergott wissen. Ein wichtiger Ursprungsmythos, der von einem kosmologischen menschlichen Körper, zeigt Merkmale, die der antiken iranischen Mythologie ähneln. Die chinesischen Flutmythen sind dadurch einzigartig, dass bei ihnen das Motiv einer göttlichen Strafe und eines göttlichen Eingreifens zur Beendigung der Sintflut fehlt. Das zentrale Thema des wichtigsten chinesischen Flutmythos ist vielmehr die Vorstellung, dass der Mensch die Katastrophe unter Kontrolle brachte, und zwar durch die moralischen Qualitäten eines Heldenkriegers. Auch der Mythos von der Dürre, der wahrscheinlich auf dem trockenen Klima in Teilen Nordchinas beruhte, wurde häufig und beredt behandelt.

Die chinesischen Kulturmythen gleichen denen anderer Mythologien in zwiefacher Hinsicht: Gottheiten gelten als die Erfinder jener Kulturleistungen, und sie sollen die Menschen den Gebrauch jener Erfindungen gelehrt haben. Die chinesischen Kulturgottheiten sind überwiegend männlichen Geschlechts. Weibliche Gottheiten treten häufig in kosmologischen Mythen auf, doch sind die sie behandelnden mythischen Erzählungen häufig durch spätere Vorurteile von Schreibern unkenntlich gemacht und entstellt worden. Die moderne Gendertheorie hat Spuren derartiger Mythen aufdecken können, beispielsweise von Mythen einer Schöpfergöttin und Erschafferin der Menschheit und von den Göttinnen, die die Mütter der Sonne und des Mondes waren. Dynastische Gründungsmythen legen einen einzigartigen Nachdruck auf weibliche Ahnen, denen männliche Gründergestalten folgten; dies gilt beispielsweise für die Ursprungsmythen der Shang- und der Zhou-Dynastie. Nur selten findet sich das Thema der Liebe, wobei von Sexualität nicht ausdrücklich die Rede ist. Die Ursache dafür mag in späterer, aus Prüderie erfolgter Überarbeitung zu finden sein. Göttliche Geburt erfolgt in den chinesischen Mythen durch Tiere, etwa durch das Schlüpfen aus einem Vogelei, oder durch Parthenogenese, etwa aus dem Bauch einer männlichen Leiche, aus dem Ohr einer alten Frau oder aus einem hohlen Baum. Metamorphosen geben den Geschichten Farbe: Objekte verwandeln sich in Bäume mit glänzenden oder symbolisierenden Blättern; Personen verwandeln sich in Bären, Vögel oder Sterne. Das Gründungsmotiv wurde in den späteren klassischen Texten häufiger, weil dynastische Herrscher, Ethnien und bedeutende Geschlechter über lange und verwickelte Genealogien göttliche Abkunft für sich in Anspruch nahmen.

Auch die Thematik von Götterkrieg und Weltzerstörung ist vertreten, ebenso die wichtige Geschichte von einem zweiten Weltbeginn, nachdem ein Heros die Menschheit aus einer großen Katastrophe gerettet hat. Der Mythos von einem goldenen Zeitalter weiser Könige, die ideale Herrscher waren und die erste menschliche Regierung begründeten, ist in China ebenfalls vorhanden. Weniger ausgeprägt sind Mythen, die die Landwirtschaft, das Hirtenleben, Auswanderung, Vertreibung und Exil, epische Irrfahrten oder den Geschlechterkonflikt behandeln. Ein bedeutendes Thema ist die Wahrnehmung von Ausländern in Mythen, die das Selbst und das kulturelle »Andere« thematisieren. In zahlreichen Episoden trifft man immer wieder auf die Figuren des kriegeri-

schen und des moralischen Helden. Die heroischen Mythen Chinas betonten im Gegensatz zu anderen Mythologien schon früh die moralische Tugend der Kriegerhelden.
Viele Figuren, die in mythischen Episoden geschildert werden, repräsentieren kulturelle Archetypen. Die Retterfigur erscheint in Mythen, die von der Schöpfergöttin und dem ersten menschlichen Riesen handeln, aus dessen Körper das Universum besteht. Den Archetyp der ernährenden Gottheit vertreten weibliche kosmologische oder kalendarische Gestalten wie die Mütter von Sonne und Mond sowie zahlreiche männliche Kulturgötter. Die göttliche Vergeltung wird in den Mythen von der Frau Dürregeist und dem Antwortenden Drachen symbolisiert, die andere Gottheiten auf Geheiß eines großen Gottes zu Tode bringen. Zugleich finden wir, wenn auch in den überlieferten Mythen nicht voll entwickelt, die Archetypen des scheiternden Helden und des betrügenden göttlichen Wesens. Das Klischee des erfolgreichen Heros ist in mehreren Mythen vertreten, beispielsweise durch den Getreidegott Hirseherr und durch Reptilienspur, den Bezwinger der Sintflut. Der moralische Held Hibiskus ist der archetypische Held und Führer seines Volkes. Wir wollen die genannten Themen, Archetypen, Symbole und Motive in den folgenden Kapiteln näher betrachten und untersuchen.

Hinweise zu Chronologie und Aussprache

China im Altertum

Spätes Paläolithikum	16922 v. Chr.
Neolithikum	um 5500–2000 v. Chr.
Shang-Dynastie	?1766–?1123 v. Chr.
Zhou-Dynastie	?1123–221 v. Chr.
Han-Dynastie	221 v. Chr. – 220 n. Chr.

Aussprache

Für die Transkription der chinesischen Namen und Begriffe wurde grundsätzlich das Pinyin-System verwendet, mit Ausnahme des vertrauten Flussnamens Yangtze (Yangzi in Pinyin) und einiger Bildunterschriften, wo die Schreibung der Quelle übernommen wurde.
Im Allgemeinen entspricht die Aussprache der Pinyin-Schreibung dem Deutschen, folgende Abweichungen sind aber zu berücksichtigen:

Can	entspricht Tsan	Si	entspricht Sser
Ce	entspricht Tser	Xie	entspricht Schi-e
E	entspricht Er	Xu	entspricht Schu
	(retroflexes silbisches r)	Yi	entspricht I
He	entspricht Her	You	entspricht Jo
Qi	entspricht Tschi	Zhuan	entspricht Dschuan
Qun	entspricht Tschjun	Zi	entspricht Dser
Shi	entspricht Scher		

Ursprungsmythen

Die Entstehung der Welt

China besitzt eine reiche Tradition von Weltentstehungsmythen. Es existieren sechs eigenständige Erzählungen, in denen unterschiedliche Gestalten wichtige Rollen und Funktionen wahrnehmen. Im Mittelpunkt eines der ältesten Schöpfungsmythen steht eine archaische Göttin namens Frau Gua (Nü Gua). Der Name »Gua« bedeutet ein schneckenartiges Wesen; man glaubte, dass Insekten oder Reptilien, die sich häuten oder ihr Gehäuse abwerfen können, die Kraft der Verjüngung besäßen. Diese Mythen wurden zum Teil durch das Geschlechtervorurteil mittelalterlicher Kommentatoren verdunkelt, sie sind jedoch in den ältesten Texten, wenn auch schwer fassbar, vorhanden. Es heißt, dass Frau Gua siebzig Verwandlungen erlebte, von denen der Kosmos und alle lebenden Wesen ihre Gestalt empfingen. Ihre Göttlichkeit war so stark, dass sich ihre Eingeweide in zehn Gottheiten verwandelten, die »Eingeweide der Frau Gua«.
Einen anderen Ursprungsmythos erzählt der daoistische Schriftsteller und Philosoph Zhuang Zi (4. Jahrhundert v. Chr.), der antike Mythen benutzte, um seine philosophischen Ansichten zu illustrieren, beispielsweise auf die Gefahren politischen Eingreifens oder schlecht beratener Nächstenliebe hinzuweisen. Der Mythos, der in seinem Buch *Zhuang zi*, dem »Wahren Buch vom südlichen Blütenland« erzählt wird, handelt von dem sterbenden Gott des Chaos, dessen Vernichtung notwendig ist, damit das Universum Gestalt annehmen kann. In seinem Zentrum steht Urdunkel (die

Übersetzung des Namens stammt von Günter Debon; Anm. des Übers.; chin. Hundun), der kein Gesicht und keine Sinnesöffnungen besaß. Urdunkel herrschte in der Mitte der Welt, zu seinen Seiten herrschten die Götter des Süd- und des Nordmeers. Häufig besuchten die beiden Meeresgötter den Urdunkel, und zum Dank für seine Gastfreundschaft beschlossen sie, ihm, da er kein Gesicht hatte, sieben Öffnungen zu bohren, damit er sehen, hören, essen und atmen könnte. So bohrten sie ihm täglich ein Loch, doch am siebenten Tag starb Urdunkel. In einem anderen Text heißt es von diesem Gott des Chaos, er habe ausgesehen wie ein gelber Sack, jedoch von flammendroter Färbung, er habe sechs Beine und vier Schwingen besessen, jedoch kein Gesicht und keine Augen.
Ein dritter Weltursprungsmythos bietet ein lebendiges Bild der Welt. Er berichtet, dass aus dem anfänglichen Dunst die beiden kosmischen Kräfte des Yin und Yang hervorgingen. Durch deren Zusammenwirken habe der Kosmos Gestalt angenommen. Der Himmel erschien als ein runder Baldachin, der sich über die vier-

Die archaische Göttin Frau Gua (Nü Gua)

Die Gottheit Urdunkel (Hundun)

eckige, flache Erde spannte; Bergmassive (in einer anderen Variante Pfeiler) und Seile hielten die Konstruktion zusammen. Das Weltbild dieses Weltentstehungsmythos ähnelt stark der altägyptischen Kosmologie, möglicherweise gelangte es auf dem Wege des Kulturaustauschs von Ägypten über Innerasien nach China.

Ein vierter Entstehungsmythos geht genauer auf die kosmischen Kräfte des Yin und Yang ein. Ihm zufolge gab es vor der Entstehung der Welt nur einen ausgebreiteten, formlosen Dunst. Aus diesem ursprünglichen Element entstanden die Kraft des Yin, die dunkel, kalt, schattig, schwer, weiblich und leidend war, sowie die Kraft des Yang, die hell, heiß, sonnig, ätherisch, männlich und tätig war. Aus dem Zusammenwirken von Yin und Yang gingen die vier Jahreszeiten und die Natur hervor. Aus dem Yang entstanden das Feuer und die Sonne, aus dem Yin das Wasser und der Mond und später die Sterne.

Zu den Erzählungen von der Weltentstehung gehört auch der Mythos von der Trennung des Himmels und der Erde. Er berichtet von einem monströs verformten Himmelsgott namens Liebende Sorge (Zhuan Xu), der über den Dreh- und Angelpunkt des Him-

Der Riese Gewundenes Altertum (Pan Gu)

mels herrscht. Er befahl seinem Enkel Chong, in alle Ewigkeit den Himmel zu stützen, und seinem anderen Enkel Li, in alle Ewigkeit die Erde niederzudrücken. Im Altertum glaubte man, dass der Kosmos in das Chaos zurückkehren würde, falls die beiden Elemente des Himmels und der Erde nicht getrennt gehalten würden.

Im Mittelpunkt des farbenprächtigsten Weltentstehungsmythos steht der Riese Gewundenes Altertum (Pan Gu), das allererste, halbgöttliche menschliche Wesen. Als er im Sterben lag und das Leben aushauchte, berichtet der Mythos, wurden sein Atemzug zu Wind und Wolken, seine Stimme zum Donner, seine Augen zu Sonne und Mond, seine Gliedmaßen zu den Gebirgen. Seine Körperflüssigkeiten verwandelten sich in Regen und Ströme, sein Fleisch in den Erdboden. Aus seinem Haupthaar entstanden die Sterne, aus seinen Körperhaaren die Pflanzen. Aus seinen Zähnen, Knochen und dem Knochenmark wurden Mineralien. Die Menschen entstanden aus den Parasiten, die auf dem Körper des Riesen gelebt hatten. Dieser Mythos berichtet also von einer Reihe von Metamorphosen, bei denen die verschiedenen Bestandteile des Körpers zu entsprechenden Teilen des Universums wurden. Dieser Mythos ist einer von vielen aus aller Welt, die von einem kosmologischen menschenartigen Körper berichten, außerdem enthält er in sich die wichtigen Mythen von einem sterbenden und nährenden Gott, der seinen Körper zum Wohle der Menschheit hingab.

Eine andere Version des Mythos vom Gewundenen Altertum erzählt, dass am Beginn der Zeit die Materie wie ein Hühnerei beschaffen war. Nach achtzehntausend Jahren teilte es sich in die ätherische Yang-Materie, die nach oben strebte und den Himmel formte, und die schwere Yin-Materie, die nach unten sank und zum Erdboden wurde. Das Gewundene Altertum wurde bei der Ausfaltung dieser beiden Urelemente zwischen diesen geboren. Der Riese durchlief neun Metamorphosen und wurde so göttlich und weise wie Himmel und Erde. Achtzehntausend Jahre später erreichten der Himmel, die Erde und der erste Mensch ihre maximale Größe und bildeten eine Trinität aus Himmel, Erde und

Menschheit. Später entstanden dann die drei Herrschenden Götter (die mit verschiedenen Namen bezeichnet werden). Die Erzählung berichtet weiter, dass die Zahlen geschaffen und die kosmischen Abstände festgesetzt wurden. Wir haben hier somit einen ätiologischen Mythos von der Wissenschaft der Mathematik vor uns.

Die beiden Weltentstehungsmythen vom Gewundenen Altertum sind textlich gesehen die jüngsten der sechs Erzählungen; sie ent-

Die drei Herrschenden Götter

stammen einer ethnischen Minderheit, die im Südwesten Chinas lebte. Aufgezeichnet wurden diese Mythen wohl im 3. Jahrhundert v. Chr.; wahrscheinlich wurden sie aus Innerasien entlehnt. Der erste dieser Mythen, die Geschichte vom kosmologischen menschlichen Körper, wurde in China zur orthodoxen Auffassung von der Entstehung der Welt.

Die Entstehung der Menschheit

Drei mythische Geschichten von der Entstehung der Menschheit sind überliefert. Die früheste dieser Geschichten beruht auf dem Weltursprungsmythos von Yin und Yang, die alles Lebendige aus dem Urdampf geschaffen hätten, kriechende Tiere ebenso wie Menschen. Die Geschichte vom Tod des Gewundenen Altertums berichtet, dass sich die Insekten auf seinem Körper in Menschen verwandelt hätten. Ein dritter Mythos vom Entstehen der Menschheit ist besonders dramatisch und farbig. In seinem Mittelpunkt steht die Schöpfergöttin Frau Gua; die Geschichte beginnt nach der Entstehung der Welt. Frau Gua knetete Menschenfiguren aus gelbem Lehm, die sich dann belebten. Sie wollte weitere erschaffen, konnte das aber nicht; da zog sie mit ihrem Seil eine Furche durch den Schlamm und hob das Seil aus dem Schlamm und senkte es wieder hinein. Nun nahmen die herabfallenden Schlammklumpen menschliche Gestalt an. Frau Guas göttliche Embleme sind das verknotete Seil und der Kompass.
Der Mythos erklärt danach den Ursprung der gesellschaftlichen Hierarchie. Die Menschen aus gelbem Lehm wurden zur herrschenden Klasse der Reichen und Adligen, die Menschen aus dem Schlamm bildeten die Unterklasse der Armen und Dienstbaren. Der Farbe Gelb kommt in der chinesischen Kultur überhaupt besondere Bedeutung zu. Die Gottheit, die der »Große Gott Gelb« (Huang Di) hieß, wurde zum höchsten Gott des philosophischen und religiösen Daoismus. Gelb symbolisiert außerdem die göttliche Erde und den Mittelpunkt der Menschenwelt. Gelb wurde darüber hinaus zur emblematischen Farbe einiger Dynastien.

Die Ursprünge der Kultur und der menschlichen Gesellschaft

China besitzt zahlreiche Mythen von den Ursprüngen der Kultur und der menschlichen Gesellschaft. Dabei handelt es sich um ätiologische Mythen, die die Aussage enthalten, ein bestimmter Gott habe als erster eine kulturelle Errungenschaft mitgeteilt oder er habe die Menschen den Gebrauch der göttlichen Gabe gelehrt. Diesen Mythen zufolge wurden diese Kulturtaten und Erkenntnisse von Göttern und nicht von Menschen vollbracht beziehungsweise entdeckt. Darin kam die Vorstellung zum Ausdruck, dass die Götter das Leben der Menschen beherrschten.

Die meisten Kulturgaben stammten von männlichen Gottheiten. Der Mythos vom Göttlichen Landmann (Shen Nong) berichtet, dieser habe den Menschen den Gebrauch von Arzneien und den Ackerbau vermittelt. Der Gott habe Mitleid mit den Menschen empfunden, die erkrankten, weil sie giftige Pflanzen aßen und verseuchtes Wasser tranken. Deswegen aß er probeweise von allen Pflanzen und lehrte die Menschen den Unterschied zwischen den giftigen und den essbaren. Dabei zerschlug er die Pflanzen mit seiner rostfarbenen Peitsche und bewertete sie nach ihrem Geruch und Geschmack. Er unterteilte die Pflanzen in vier Kategorien: die milden, die giftigen, die kalten und die heißen. Dieses Gliederungssystem bildet die Grundlage der traditionellen chinesischen Medizin; und der Göttliche Landmann wurde zum göttlichen Schutzherrn dieser Wissenschaft. Außerdem lehrte dieser Gott die Menschen die Unterschiede zwischen verschiedenen Böden. Er machte einen hölzernen Pflug, brachte den Menschen die Landbestellung bei und säte die fünf Getreidearten: Hanf, Weizen (oder Gerste), Hülsenfrüchte und zwei Sorten Hirse. In seiner landwirtschaftlichen Funktion zeigen sich Überschneidungen mit der des Getreidegottes Hirseherr (Hou Ji). Das Emblem des Göttlichen Landmanns ist der gegabelte Pflug.

Im Mittelpunkt des Kulturmythos vom Getreide steht der Gott Hirseherr, dessen Name sich im Chinesischen auf ein männliches oder weibliches Wesen beziehen kann. In anderen Mythologien

Shen Nong, der Göttliche Landmann, mit seinem gegabelten Pflug. Die Beischrift bedeutet: »Der Ackergott lehrte die auf der Benutzung des Landes beruhende Landwirtschaft; er pflügte das Land und pflanzte die Hirse, um das unzählige Volk zu ermutigen«

sind die Getreide- und die Erdgottheit in der Regel weiblichen Geschlechts, da sie Fruchtbarkeit und Geburt symbolisieren. Ein langes Erzählgedicht aus dem *Buch der Lieder* der Zhou berichtet, wie Hirseherr die Menschen in der Aussaat von Getreide unterrichtete, sie lehrte, es zuzubereiten und die Erstlinge der Ernte als Opfergaben zu spenden. Diese Gottheit spielt auch in dem Mythos von den Ursprüngen der frühen Chinesen und des zweiten historischen Herrschergeschlechts Chinas, der Zhou-Dynastie, eine wichtige Rolle.

Fu Xi ist ein Gott, der in der mythologischen Tradition später erscheint; sein Name bedeutet »hingestrecktes Opfer«. Die Mythen berichten, dass er durch das Mittel der Mimesis – das heißt der Nachahmung einer von ihm beobachteten Handlung und ihrer analogen Anwendung – die Schrift, das Wahrsagen und die Jagdwaffen erfand. Die Erzählung meldet, dass zu der Zeit, als Hingestrecktes Opfer den Kosmos beherrschte, er Himmel und Erde betrachtete und die Spuren von Vögeln und Tieren bemerkte und die Bilder und Muster in sich aufnahm. Aufgrund dieses Wissens,

Frau Gua (links) mit dem Kompass und Hingestrecktes Opfer (Fu Xi) mit dem Winkelmaß. Als Symbol der ehelichen Verbundenheit verschlingen sich die Schlangenschwänze der beiden Gottheiten

welches auf der natürlichen Ordnung der Dinge beruhte, schuf der Gott die ersten acht Schriftsymbole und gab sie den Menschen, damit sie Orakel anstellen konnten. Die acht Trigramme (*Ba Gua*) bedeuteten ursprünglich die acht Kombinationen, die sich aus drei durchgehenden und unterbrochenen Linien ergeben. (Unterbrochene Linien bedeuten Yin oder weiblich, durchgehende Yang oder männlich.) Diese acht Zeichen wurden mit sich selbst multipliziert und ergaben einen Satz von vierundsechzig Zeichen, die drei Linien wurden verdoppelt und ergaben ein sechsteiliges Zeichen. Diese vierundsechzig Linienkombinationen bildeten die Grundlagen für ein Orakelsystem; sie erhielten Namen, und Erklärungen wurden ihnen beigefügt. Dieses Material wurde in dem *Buch der Wandlungen (Ji jing, I Ging)* gesammelt. Hingestrecktes Opfer sah weiterhin, wie eine Spinne ihr Netz spann. Da machte er Netze aus verknoteten Schnüren und lehrte die Menschen, wie sie diese für Jagd und Fischfang verwenden könnten. Als Emblem trägt dieser Gott in künstlerischen Darstellungen das Winkelmaß eines Zimmermanns; er besitzt Menschen-

gestalt, trägt aber einen Schlangenschwanz. In der spätklassischen Zeit, ungefähr im 1. Jahrhundert v. Chr., wurde er mit der Weltschöpfungsgöttin Frau Gua zum ersten göttlichen Ehepaar verbunden. In den Darstellungen verschlingen sich zum Zeichen ihrer Verbindung die Schlangenschwänze der beiden Gottheiten.
Die mythische Gestalt des Chi You, dessen Name »der Scherzreiche« bedeutet, besitzt die Funktion des Kriegsgotts; er soll die Waffen aus Metall erfunden haben. Sein Mythos erzählt die Ursprungsgeschichte des Metalls, der Metallverarbeitung und der Erfindung von Waffen. Zwei Berge seien zerborsten und aus ihrem Inneren Wasser und Metall ausgetreten. Der Gott nahm das Metall und schuf daraus Waffen und Rüstungen. Mit seinen zweiundsiebzig Brüdern, die Köpfe aus Bronze hatten und Kieselsteine aßen, bildete er eine mächtige Schar. Chi You wird als ein Ochse mit Hörnern und Hufen dargestellt. Dadurch, dass er die Metallbearbeitung entdeckte, erlangte er unter den Göttern die Vorherrschaft.
Zum Mythos vom Ursprung der Metalle und der Metallbearbeitung gehört auch die bedeutende Gestalt des halbgöttlichen Helden Yu, dessen Name Reptilienspur bedeutet. Es heißt, Reptilienspur habe neun geweihte Bronzekessel geschmiedet, in die das Wissen der Welt eingraviert war. Yu lehrte die Menschen, wie sie in ihrem Leben zwischen Ungeheuern und wohltätigen Wesen unterscheiden könnten. Die Bronzekessel besaßen die heilige Macht, moralischen Wert zu erkennen, und wurden von Dynastie zu Dynastie weitergereicht. Wenn der Herrscher tugendhaft war und das Volk mit Milde regierte, waren die Kessel schwer von moralischer Macht und blieben im Besitz des Herrschers und seiner Dynastie. Wenn der Herrscher aber schlecht war und das Volk misshandelte, wurden sie leicht und flogen davon. Diese heiligen Kessel waren ein Symbol der legitimen dynastischen Herrschaft und ein Sinnbild für Reichtum sowie für die rituelle und staatliche Kontrolle über die strategisch entscheidende Produktion von Waffen und anderen Geräten aus Metall.
Der Ursprungsmythos der Seidengewinnung ist eine Besonderheit der chinesischen Mythologie. Es ist die Geschichte vom Gott

Der Qin-Kaiser versucht, einen heiligen Kessel zu bergen, der in den Fluss Si gestürzt ist

Seidenwurm Massenhaft (Can Cong). Dieser göttliche Seidenwurm stellte Unmengen an Seide her. Er beherrschte das Volk von Shu im Südwesten, der heutigen Provinz Sichuan. Er belehrte sein Volk über die Seidenwürmer und die Blätter des Maulbeerbaums, die diesen als Nahrung dienten. Seidenwurm Massenhaft schuf mehrere tausend goldene Seidenwürmer und gab sie seinem Volk. Diese Würmer vermehrten sich und spannen riesige Kokons, so dass die Menschen ihrem Gottkönig diese Produkte als Gegengabe spenden konnten. Bei den Reisen des Gottes durch das Land Shu versammelten sich die Menschen, wo er Halt machte. Dort entstanden die ersten Märkte.
Zahlreiche Mythen erzählen von der Entdeckung der Harmonie und der Erfindung der Musikinstrumente; sie nennen verschiedene Götter, welche den Menschen diese Künste vermittelt haben sollen. Zu ihnen gehören Hingestrecktes Opfer (Fu Xi), der eine Musik nach dem Muster der göttlichen Harmonie des Kosmos er-

schuf und diese den Menschen gab, und der große Gott Redeschnell (Ku), der zwei göttlichen Wesen, darunter You Chui (oder Künsteschwer), befahl, Melodien zu komponieren und Trommeln, Glocken und Pfeifen zu bauen, auf denen die Menschen spielen konnten. Im Mittelpunkt der ausführlichsten mythischen Erzählung vom Ursprung der Musik steht der Sohn des Helden Yu, dessen Name Offen hieß, Herr des Sommers. Herr Offen trug grüne Schlangen in seinen Ohren und ritt auf einem Drachenpaar. Er wurde von ihnen in den Himmel getragen und empfing dort das Geschenk der himmlischen Musik. Diese Musik spiegelt sich wider in der zweiten frühen Dichtungsanthologie Chinas, den *Liedern von Chu*, beispielsweise in den »neun Liedern«, Hymnen an Flussgöttinnen, die ungefähr aus dem 4. Jahrhundert v. Chr. stammen. Die *Lieder von Chu* gehören der alten Kultur an, die in Südchina in der Gegend der Flüsse Huai und Yangtze blühte. Das aus dem chinesischen Altertum stammende *Buch der Berge und Meere* ist eine Schatztruhe klassischer Mythen und enthält Geschichten von mehr als zweihundert mythischen Gestalten, darunter von zahlreichen Kulturgottheiten wie Eckenwender (Fan Yu), der die Boote erfand; Glücklicher Glanz (Ji Guang), der die hölzernen Karren einführte; Drehum (Ban), der Pfeil und Bogen herstellte; Mähgleich (Shu Yun), dem Erfinder der ersten von Ochsen gezogenen Pflugschar, sowie Künsteschwer (You Chui oder Qiao Chui), der als erster Gott auf die Erde kam und den Menschen alle handwerklichen Künste brachte.

Es ist ein Merkmal des Mythos, dass einige seiner Gestalten so gewichtig sind, dass sich um sie Zyklen mythischer Geschichten ranken, in denen die Rolle dieser Figuren gegenüber der in den frühesten aufgezeichneten Geschichten verändert werden kann. Diese Veränderung kann so weit gehen, dass die früheste Rolle ganz in den Hintergrund tritt. Das zeigt sich beispielsweise in dem Mythos von der ersten Ehe in der menschlichen Gesellschaft. Es heißt, Frau Gua und ihr Bruder, dessen Name nicht genannt wird, hätten miteinander schlafen wollen, sich aber dieses Wunsches geschämt. So beschlossen sie, Gott um seine Einwilligung zu bitten. Gott zeigte sein Einverständnis durch ein Wunder, und so kam es zu der ersten Liebesvereinigung von Menschen. Doch sie verbargen vor Scham ihre Gesichter hinter einem Grasfächer. Dieser Bericht von einer inzestuösen Ehe ist eine seltene Ausnahme; er könnte als eine Erklärung dafür gedient haben, dass in Zeiten höchster Not, wenn durch Flutkatastrophen, Hungersnöte, Kriege oder Epidemien ganze Völker vernichtet worden waren und das Überleben der Menschheit auf dem Spiel stand, das Tabu, welches Ehen unter nahen Verwandten verbot, gebrochen werden durfte. Wir können diesen Mythos mit jenem von der heiligen Hochzeit der Schöpfergöttin Frau Gua mit dem Gott Hingestrecktes Opfer vergleichen. Der Mythos von der Heirat der Frau Gua und ihres Bruders wurde erst im Mittelalter aufgezeichnet, und zwar von Li Rong (bezeugt 846–874). Zu jener Zeit waren die Haltungen gegenüber der Frau von Vorurteilen bestimmt, und ihre gesellschaftliche Stellung wurde abgewertet. Das erklärt, warum die mächtige Schöpfergöttin, die die Welt und die Menschheit erschaffen und die Welt aus Feuersturm und Sintflut errettet hatte, im Übergang von der klassischen zur mittelalterlichen Zeit von einer Gottheit zu einer Sterblichen herabgesetzt werden konnte.

Der Mythos von der Entstehung der ersten Regierung

Den Mythos von der Entstehung der ersten menschlichen Regierung erzählt ein anonymer Autor der klassischen Zeit in dem *Buch der Geschichte* (auch als *Alte Geschichte* bezeichnet). Die von ihm erzählte mythische Geschichte zeigt anschaulich, wie sich ein Schriftsteller alte Mythen zunutze machte und sie so interpretierte, dass ein vollständig neuer Mythos entstand. Man bezeichnet dieses Verfahren als Mythopöie. Der Autor beginnt seine Erzählung am Beginn der Zeit, nicht in der Ära der Götter, sondern in jener, als die ersten idealen Herrscher Yao und Shun die Welt regierten. Als Yao sehr alt geworden war, gedachte er abzudanken, wollte aber seinen Thron nicht seinem Sohn überlassen. Vielmehr übertrug er die Herrschaft auf seinen würdigen Minister Hibiskus

(Shun), den er mit seinen beiden Töchtern verheiratete. Shun bildete dann die erste Regierung. Er ernannte den Helden Reptilienspur (Yu) zum Aufseher über die Arbeiten zur Flussregulierung und Kui zum Leiter des Musikwesens. Er übertrug Hauch und Verschmelzung (Xi und He), zwei männlichen Würdenträgern, die Verantwortung für die Erstellung des Kalenders für den Ackerbau in der Astronomiebehörde. Hirseherr wurde Minister für Landwirtschaft. Wir haben bereits oben erfahren, dass Hirseherr der alte Gott des Getreides war. Reptilienspur war, wie wir noch erzählen werden, ein halbgöttlicher Heros, der die Weltflut unter Kontrolle brachte, und Kui der einbeinige Donnergott. Hauch-Verschmelzung war ursprünglich eine Gottheit, und zwar die allmächtige Sonnengöttin, die Mutter der zehn Sonnen. Hier wird deutlich, wie der anonyme Verfasser des *Buchs der Geschichte* vertraute Figuren aus den alten mythischen Erzählungen einsetzte, um eine neue Geschichte zu erfinden, die die Entstehung der ersten Regierung über die Menschen erklären sollte. In seiner Geschichte folgte auf die Idealherrscher Yao und Shun der tugendhafte Yu. Diese drei bildeten das Triumvirat des Goldenen Zeitalters des Altertums, in dem die Herrschaft auf moralischen Werten gründete.

Die Ursprungsmythen der ersten historischen Dynastien

Mythische Fragmente in dem aus der Zhou-Zeit stammenden *Buch der Lieder* geben Einblick in die Mythen von den göttlichen Ursprüngen der Shang- und der Zhou-Dynastie. Der Ursprungsmythos der Shang berichtet, dass der Himmelsgott einem göttlichen schwarzen Vogel befahl, vom Himmel zur Erde hinabzufliegen und die Shang zu gebären. Eine andere Version finden wir in der viel später, gegen 100 v. Chr. von Sima Qian verfassten ersten Geschichte Chinas, den *Aufzeichnungen des großen Historikers* (*Shi ji*). Darin heißt es, dass das schöne Bambusstreifen-Mädchen (Jian Di) ein Bad nahm. Sie sah, wie ein schwarzer Vogel ein Ei fallen ließ, nahm es auf und verschluckte es. Sie wurde schwanger und gebar einen Knaben namens Xie (ausgesprochen Schi-eh) oder Qi (ausgesprochen Tschie). Jian Di wurde zur göttlichen Stammmutter des Volkes der Shang; ihr durch ein Wunder beziehungsweise durch Jungfernzeugung entstandener Sohn wurde zum Stammvater der Shang-Dynastie.

Der Mythos vom göttlichen Ursprung der Zhou-Dynastie wird in den gleichen Texten erzählt. Es heißt, das Mädchen Jiang Yuan (Begründerin Jiang) sei in den Fußspuren eines großen Gottes gegangen und davon schwanger geworden. Sie gebar einen Sohn, der Hirseherr genannt wurde. Doch Jiang Yuan glaubte, ihr Sohn sei ein Unglück, deshalb versuchte sie, ihn auszusetzen. Sie legte ihn auf einen schmalen Weg, über den Rinderherden wanderten. Die Kühe aber säugten den Knaben und beschützten ihn. Danach schaffte sie ihn in den Wald, aber Leute aus der Ebene, die in den Wald gingen, um Holz zu schlagen, fanden das Kind und retteten es. Nun legte sie ihren Sohn auf Eis, doch Vögel nahmen ihn unter ihre Fittiche und hielten ihn warm. Dieses göttliche Kind war dazu bestimmt, große Dinge zu vollbringen. Nachdem der Heros diese drei Prüfungen überlebt hatte, zog Jiang Yuan ihn auf. Als er heranwuchs, zeigte sich, dass er göttliches Wissen über den Ackerbau besaß, insbesondere über den Anbau von Hirse, aber auch über die Anpflanzung von Bohnen. Hirseherr, der junge Held, lehrte die Menschen diese Künste. Weiterhin lehrte dieser Mann von göttlicher Herkunft die Menschen, wie sie die Hirse zubereiten und ihm, dem Getreidegott Hirseherr, opfern sollten. Er wurde zum Begründer des Volkes der Zhou und der Zhou-Dynastie.

Der göttliche Kosmos

Hunderte mythischer Figuren und Gottheiten bevölkern die klassischen Texte. In einem einzigen Werk, dem *Buch der Berge und Meere*, finden sich allein nicht weniger als 204 einzelne Gottheiten und mythische Gestalten, ja sogar 237, wenn man mehrere Gruppen göttlicher Wesen hinzuzählt. Die Texte lassen sich grob in zwei Kategorien unterteilen: in jene mit einem großen Personal männlicher und weiblicher Figuren von unterschiedlichen Funktionen und Bedeutungen sowie in jene, die ein ausgesprochen maskulines Götterpantheon mit einer begrenzten Anzahl göttlicher Funktionen vorstellen. Die erstgenannte, Vielfältigeres einschließende Kategorie von Texten bietet Material, welches einer mythischen Tradition entstammt, die in Mythen aus anderen Kulturen Parallelen besitzt. Die zweite Kategorie umfasst jene Texte, die mythische Figuren in einer neuen, erfindungsreichen Weise benutzen. Zu ihnen gehört beispielsweise das *Buch der Geschichte*. Diese Kategorie bildete, grob gesprochen, den orthodoxen chinesischen Kanon. Die moderne Forschung zur chinesischen Mythologie widmet sich nunmehr vornehmlich jenen Texten, die außerhalb des Bereichs der Orthodoxie angesiedelt sind, und entdeckt Mythen wieder, die bisher in der chinesischen Mythologie übersehen oder vernachlässigt wurden.

Das Götterpantheon und die Funktionen der einzelnen Götter

Ein feststehendes Pantheon gibt es in der chinesischen Mythologie nicht. Die orthodoxen Texte der oben genannten Kategorie, die sich auf männliche Figuren konzentrieren, erwähnen in der Regel eine begrenzte Zahl von ungefähr zehn wichtigen Göttern und mythischen Gestalten, die ein lose strukturiertes Pantheon bilden. Eine typische Aufzählung nennt die folgenden Gottheiten: Hingestrecktes Opfer (Fu Xi), den Gott der Ackerbaus; den Feuergott Flamme (Yan Di); den Großen Gott Gelb (Huang Di); den Lichtgott Jung Himmelsheiter (Shao Hao); den Himmelsgott Liebende Sorge (Zhuan Xu); den großen Gott Redeschnell (Ku) sowie die halbgöttlichen idealen Herrscher Erhaben, Hibiskus und Reptilienspur (Yao, Shun und Yu).

Die Texte der anderen, im umfassenderen Sinne mythologischen Kategorie wimmeln hingegen geradezu von Gottheiten. Die obersten Götter, die das *Buch der Berge und Meere* erwähnt, sind der Gott Erster (Jun) und an zweiter Stelle Liebende Sorge, während Hingestrecktes Opfer, die bedeutendste Gottheit der männlichen Tradition, in jenem Buch nicht einmal erwähnt wird. Zu seinen weiteren wichtigen Gottheiten zählen die Königinmutter des Westens (Xi Wang Mu), die Sonnenmutter Hauch-Verschmelzung (Xi He) sowie die Mondmutter Ewiger Hauch (Chang Xi). Man kann deshalb füglich behaupten, dass das *Buch der Berge und Meere* dem weiblichen Anteil der Götterwelt größere Bedeutung zumisst.

Die göttlichen Funktionen der männlichen Gottheiten beziehen sich auf Kulturleistungen, wie die Vermittlung des Ackerbaus durch den Bauerngott Hirseherr und durch Erdherr (Hou Tu); der Beherrschung des Feuers durch den großen Gott Flamme; des Schreibens und der Wahrsagekunst durch Hingestrecktes Opfer; der Jagd durch Bogenschütze Yi und der Kriegskunst durch Scherzreich. Auch die Waffen und Musikinstrumente, Transportgeräte und Handwerkskünste sind Gaben männlicher Götter.

Weibliche Gottheiten sind hingegen für die Entstehung des Kosmos, die Regulierung des Jahreslaufs, die Nahrung, die Segnungen des Paradieses und die Ausübung heiliger Gewalt verantwortlich. Die Göttin Hauch-Verschmelzung (Xi He) gebar die zehn Sonnen der archaischen Kalenderwoche und nährte sie. Die Göttin Ewiger Hauch (Chang Xi) gebar die zwölf Monde und nährte sie. Frau Gua erschuf (nach einer Fassung des Schöpfungsmythos) den Kosmos, errettete in ihrer Funktion als göttliche Schmiedin und Retterin der Menschheit die Welt vor Brand und Flut und erschuf die Menschheit. Die Königinmutter des Westens (Xi Wang Mu) besitzt zwei Funktionen: Sie sendet Seuchen und Strafen auf die Erde, beherrscht aber auch das Westliche Paradies in den Bergen.

Die männlichen und weiblichen Götter sind theroanthropomorph, das heißt, sie besitzen bei sonst menschlicher Gestalt tierische Merkmale wie Schlangenschwänze, Tigerfänge, Rinderhörner oder Vogelflügel als Embleme der Fruchtbarkeit, der Grausamkeit, der Angriffslust beziehungsweise der Flugfähigkeit. Die Königinmutter des Westens wird mit aufgelösten Haaren, den Fangzähnen einer Tigerin und dem Schwanz eines Panthers dargestellt. Drei Rotkehlhüttensänger bringen ihr Nahrung. In späteren Überlieferungen wird sie von einem neunschwänzigen Fuchs begleitet und von einem Leoparden bewacht. Viele Gottheiten werden mit Schlangen in den Ohren und auf Drachen durch den Himmel reitend dargestellt. Die Gottheiten und mythischen Gestalten der orthodoxen, männlich bestimmten Tradition werden, insbesondere in den klassischen konfuzianischen Texten, vermenschlicht. Sie tragen Sinnbilder, die ihre Funktion andeuten. So wird der Bauerngott als Mensch mit einer Pflugschar und Reptilienspur, der Bezwinger der Flut, mit einer Baggerschaufel dargestellt.

Die Namen vieler Gottheiten deuten auf deren Rang in einer Götterhierarchie und verraten ihre Funktion und ihr Geschlecht. Das Wort *Di* kennzeichnet in der Regel männliche Gottheiten wie Huang Di oder Di Ku und bedeutet »großer Gott«, also zum Beispiel den Großen Gott Gelb (Huang) oder den großen Gott Redeschnell (Ku). Häufig findet sich der Ausdruck Di auch ohne einen zugehörigen Namen; er bezieht sich dann nicht auf einen monotheistisch gedachten Gott, sondern einfach auf irgendeinen unbekannten großen Gott. In den Namen großer Göttinnen finden sich häufig Bezeichnungen wie *Nü* (Frau), *Huang* (die Gnädige) oder *E* (die Erhabene), so bei Nü Gua oder E Huang, der Erhabenen Gnade. Davon abgesehen verrät der Name die Funktion, beispielsweise bei Hauch-Verschmelzung, der Sonnengöttin, oder bei Frau Dürregeist, der Verursacherin von Dürren. Niedrigere Götter werden als *Shen* (göttliche Wesen) bezeichnet, *Ling* bedeutet göttliche Macht, *Gui* bezieht sich auf eine geisterhafte Gottheit. *Shi* mit einem angeschlossenen Namen bedeutet eine Leichengottheit, beispielsweise die Leiche des Nachtfürsten oder die Leiche der gelben Riesin. Weiterhin gibt es neckende Dämonen, Kobolde und Unholde, die in Bergen oder Flüssen leben oder die Himmelstore bewachen.

Wundersame Geburten

Zwischen den Göttern und Göttinnen der chinesischen Mythologie und denen anderer Mythologien finden sich zahlreiche Unterschiede, doch keine gravierenderen als in der Behandlung der Sexualität und der Vermehrung der göttlichen Wesen. Episoden von dämonischer Energie getriebener wilder Lust fehlen in den chinesischen Mythen. Sexualität spielt in ihnen nur eine geringe oder gar keine Rolle. Der große Gott Redeschnell war beispielsweise der Gatte zweier bedeutender Göttinnen, die Göttersöhne gebaren; aber Redeschnell war nicht deren Vater. Die eine seiner göttlichen Gattinnen war Bambusstreifen-Mädchen (Jian Di), die, wie wir schon erzählt haben, das göttliche Ei des schwarzen Vogels verschluckte und davon wundersamerweise schwanger wurde und den Stammvater der Shang-Dynastie gebar. Die zweite Frau Redeschnells war Jiang Yuan, die (wie wir auch schon erwähnt haben) in die Spuren eines großen Gottes trat, wundersamerweise schwanger wurde und den Begründer der Zhou-Dynastie gebar. Der Mythos von der göttlichen Geburt Reptilienspurs (Yu), des Heros, der die Flut bezwang, berichtet, er sei aus dem Bauch der Leiche seines Vaters Gun gekommen, den ein Gott getötet hatte.

Auch die Geschichte von der Geburt des Sohnes von Reptilienspur ist wundersam: Yu vereinigte sich mit der Tochter eines Bergvolks. Eines Tages aber zeigte er sich ihr in seiner göttlichen Erscheinung als Bär. In Schrecken versetzt, floh die schwangere Frau vor ihm und verwandelte sich in einen Felsen. Yu verfolgte sie und befahl dem Felsen, seinen Sohn aus sich zu entlassen. Der Fels zerbarst, und Yus Sohn Offen trat hervor.

Die Kinder, die aus jungfräulicher Geburt hervorgehen, sind in den chinesischen Mythen in der Regel männlichen Geschlechts. Es ist denkbar, dass man zu der Zeit, als die zuvor mündlich weitergegebenen archaischen mythischen Überlieferungen verschriftlicht wurden, diese zugleich in das Idiom einer patriarchalischen Kultur übertrug. Der Mythos vom Land der Frauen ist der einzige, der vom Überleben weiblicher Kleinkinder berichtet; die männlichen werden hier zum Sterben ausgesetzt, ehe sie das dritte Lebensjahr erreicht haben. In diesem Mythos beruht die Fruchtbarkeit der jungfräulichen Mütter auf dem Bad in einem wundertätigen gelben Teich.

In vielen mythischen Geschichten erfolgt die jungfräuliche Geburt aus dem Ei eines göttlichen Vogels. Ein Beispiel dafür, welches bereits erwähnt wurde, ist der Ursprungsmythos des Volks der Shang und seiner Dynastie. Neben dieser Form einer ornithomorphen Hierogamie finden sich aber auch andere Wundergeburten. Der halbgöttliche Gründer des südchinesischen Volkes der Yao entstand als Wurm im Ohr einer alten Palastdame. Der Wurm verwandelte sich erst in einen Hund und schließlich zu Zeiten eines Krieges in einen Helden.

Wenn auch viele Mythen jungfräuliche Geburten von Göttinnen oder Halbgöttinnen berichten, gehen in der späteren Tradition Nachkommen vermittels Parthenogenese aus männlichen Göttern ohne weibliches Zutun hervor. Viele derartiger Geschichten sind Gründungsmythen, die von der Entstehung der Dynastie eines Landes, eines Volks oder eines berühmten Geschlechts berichten.

Götterkriege

Mehrere Mythen berichten von den Kriegen der Götter, so von dem Kampf um die Macht, der zwischen dem Kriegsgott Scherzreich (Chi You) und dem Großen Gott Gelb (Huang Di) tobte. Als der Kriegsgott die Metalle entdeckte und daraus Waffen schuf, bedrohte er die Stellung der anderen Götter. Der Große Gott Gelb kämpfte mit dem Kriegsgott und besiegte ihn mithilfe seiner beiden Verbündeten: seiner Tochter, der Dürregöttin Frau Dürregeist (Nü Ba), die den Regen, eine Waffe des Kriegsgottes, versiegen

Der Kriegsgott Scherzreich (Chi You), der Erfinder der Metallwaffen

ließ, und des Antwortenden Drachen (Ying Long), der den Kriegsgott beim Erdwall des grausamen Pflugs erschlug. Ein anderer Mythos berichtet, dass der rebellische Arbeitsgott Gemeinschaftliche Arbeit (Gong Gong) den göttlichen Vorrang des Himmelsgottes Liebende Sorge (Zhuan Xu) in Frage stellte. In seiner Wut rammte Gemeinschaftliche Arbeit einen der Weltberge, der Unrund hieß und den Himmel trug. Damit verursachte er eine Störung des Kosmos: Der Himmel, die Sonne, der Mond und die Sterne neigten sich nach Nordwesten, und die Flüsse und der Schlick auf Erden flossen seither in südöstlicher Richtung. Diese

Der Kriegsgott wird von dem Antwortenden Drachen (Ying Long) hingerichtet

Erzählung ist also ein Entstehungsmythos für die Neigung der Erdachse.
Von einem tragischen Konflikt erfahren wir in einem der Mythen um Riesenfisch (Gun). Er versuchte, die Welt vor einer Flut zu retten und stahl deswegen die »atmende Erde« Gottes, mit der sich der Kosmos heilen ließ. Doch noch bevor Riesenfisch die Erde einsetzen konnte, wurde er auf Geheiß des Gottes von dem Feuergott Gebetsdampf (Zhu Rong) auf dem Federberg getötet. Sein Körper aber zersetzte sich nicht, vielmehr ging aus dem Bauch Guns dessen Sohn, der Heros Reptilienspur (Yu) hervor. Anschließend verwandelte sich Riesenfisch in einen gelben Bären (nach anderen Überlieferungen in eine Schildkröte oder einen Drachen).
Eine andere göttliche Gestalt namens Vater Prahlhans (Kua Fu) wird wegen ihres Hochmuts getötet. Er forderte die mächtige Gottheit der Sonne zu einem Wettlauf heraus, dessen Ziel der Ort des Sonnenuntergangs war. Dabei wurde Vater Prahlhans von brennendem Durst ergriffen. Obwohl er aus einem großen Strom trank, konnte er seinen Durst nicht stillen und starb, bevor er zum nächsten Fluss kam. Sein liegen gelassener Stab verwandelte sich in einen Baumhain. Ein weiterer Mythos um einen zum Untergang verurteilten Gott handelt von dem Kriegsgott Himmelsbestrafter (Xing Tian), der die Vorherrschaft des großen Gottes in Frage stellte. Dieser schlug ihm den Kopf ab und vergrub das Haupt auf einem Berg, aber der Kriegsgott verwandelte seine Brustwarzen in Augen und seinen Nabel in einen Mund. Kopflos schwingt er nun Schild und Streitaxt im Kriegstanz.

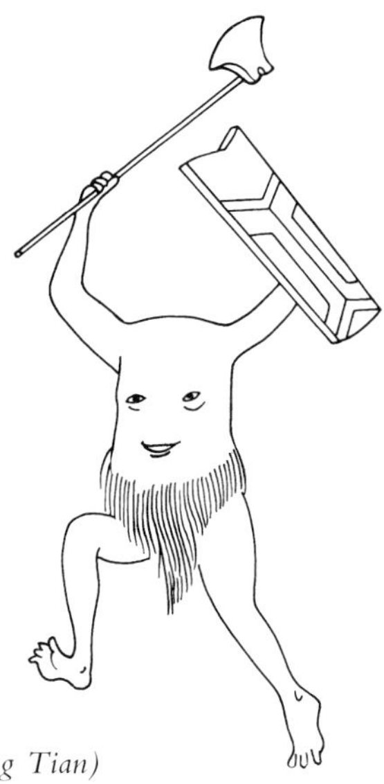

Himmelsbestrafter (Xing Tian)

Sterbende Götter

Der Mythos des sterbenden Gottes knüpft sich an mehrere Figuren. Urdunkel (Hundun), der Gott des Chaos, musste sterben, damit der Kosmos entstehen konnte. Riesenfisch wird getötet, weil er einen Gott bestahl. Vater Prahlhans wird wegen seines Hochmuts getötet. Scherzreich wird getötet, nachdem er dem Großen Gott Gelb in einem Titanenkampf unterlag. Doch obwohl vom Tod von Göttern und Göttinnen berichtet wird, leben sie in anderer Gestalt weiter. Frau Lieblich (Nü Wa) ertrank im östlichen Meer, vielleicht aufgrund einer Übertretung oder weil ihre eigene göttliche Macht als Tochter des großen Gottes Flamme verlosch. Sie wurde in einen Vogel verwandelt und in Geisterwache (Jing Wei) umbenannt; seit jener Zeit versucht sie, das Ostmeer einzudämmen, um sich zu rächen.
Der Mythos von dem Furcht erregenden Gott Kerbenriss (Ya Yu) berichtet von einem seltenen schamanistischen Wiederbelebungsritus. Kerbenriss wurde von zwei Kriegern, Doppellast (Er Fu) und Verderben (Wei) getötet. Sechs Schamanen kümmerten sich um den Leichnam und hielten das Kraut der Unsterblichkeit über ihn. Es wird nicht überliefert, dass Kerbenriss wiederbelebt oder in eine andere Gestalt verwandelt wurde, wohl aber berichtet der Mythos, dass die beiden Mörder von dem Gott wegen ihres Verbrechens hingerichtet wurden. Auf sein Geheiß wurden sie mit ihren eigenen Haaren gefesselt und an einen Baum, der auf der Spitze eines Berges stand, gebunden und Vögeln und wilden Tieren zur Beute überlassen. Zwei andere Götter, die eine Gottheit ermordet hatten, wurden ebenfalls hingerichtet. Diese verwandelten sich in Unheil verheißende Raubvögel, deren Erscheinen einen bevorstehenden großen Krieg oder eine Dürre ankündigt.

Paradiese

In mehreren Mythen wird erzählt, dass Gottheiten zur Erde niederstiegen und Paradiese errichteten, um sich der menschlichen Welt zu erfreuen. Diese Paradiese tragen Namen wie Gottes Ruhezimmer oder Gottes heimliche Stadt auf Erden. Das berühmteste der Paradiese ist das viereckige Plateau auf dem Kunlun-Gebirge. Dieser mächtige Gebirgszug erstreckt sich von Nordwestchina über Nordtibet bis in die nördlichen Regionen Afghanistans. Jenes Paradies ist die farbenprächtigste Verkörperung des mythischen Motivs des Himmelsarchetyps. Dieses westliche Gebirgsparadies wird von dem grimmigen Tier Offenhell (Kai-ming) bewacht und besitzt Quellen, die nie versiegen, sowie einen kostbaren Edelsteinbaum. Sagenhafte Pflanzen und Tiere bevölkern dieses Paradies, über das die Königinmutter des Westens herrscht, die auf einem seiner Berggipfel wohnt.
Ein anderer Paradiesmythos berichtet von fünf gebirgigen Inseln im Ostmeer, auf denen Gottheiten und Unsterbliche wohnen. Eines Tages begannen diese Inseln der Seligen gen Westen, zum Ende der Welt hin, abzudriften. Um ihre Zerstörung zu verhindern, befahl Gott dem Götterriesen des Nordmeers, der Affenstark (Yu Jiang) hieß, fünfzehn gigantische Schildkröten zu erschaffen, die abwechselnd die Inseln auf ihren Köpfen tragen.

Katastrophenmythen

Die Schriftsteller der klassischen Zeit wussten genau um die Katastrophen, die der menschlichen Gesellschaft drohten. In einem Buch des 3. Jahrhunderts v. Chr. wird folgende Aussage des Staatsmanns und Philosophen Guan Zi, der im 7. Jahrhundert v. Chr. lebte, über die immer wiederkehrenden Katastrophen überliefert: »Es gibt Überschwemmungen, es gibt Dürren, es gibt Wind, Nebel, Hagel und Frost, es gibt Pestilenzen, und es gibt Insektenplagen ... Von den fünf Formen der Katastrophen ist die Überschwemmung die gefährlichste.« In diesem Kapitel berichten wir über die Mythen der Flut, der Dürre und des Brandes.

Der Flutmythos

Der nachhaltigste und in der gesamten Welt am weitesten verbreitete Katastrophenmythos ist der Mythos von der großen Flut. Im klassischen China gibt es vier Geschichten über diesen Mythos. Der Mythos von dem aufbegehrenden Arbeitergott Gemeinschaftliche Arbeit (Gong Gong) erzählt, dass er die Gewässer der gesamten Welt aufstörte, so dass sie gegen die Barriere des Himmels stürmten und die Welt mit dem Rückfall in das Chaos bedrohten. Dieser Flutmythos ist der einzige, der eine Ursache für die Überflutung angibt und deren Urheber nennt. In dieser Version des Mythos hat der Gott Gemeinschaftliche Arbeit die Rolle des Störenfrieds, der die Ordnung des Kosmos zerstören will, vergleichbar jenem Mythos, der erzählt, dass Gemeinschaftliche

Arbeit den höchsten Himmelsgott Liebende Sorge (Zhuan Xu) herausforderte und wütend an dem Weltgebirge rüttelte, welches den Himmel stützt.
In einer anderen Flutgeschichte wird berichtet, wie die Gottheit Frau Gua die Welt vor Feuersbrünsten und einer Überschwemmung rettete. In ihrer Funktion als göttlicher Schmied schmolz Frau Gua den kosmischen fünffarbigen Stein und stellte den Himmel wieder her. Danach schnitt sie die Beine einer riesigen Schildkröte ab und stellte sie als die vier Eckpfosten von Erde und Himmel auf. Mit der Asche von verbranntem Schilf dämmte sie die Überschwemmung ein.
Im Mittelpunkt einer dritten Geschichte steht der Heros Riesenfisch (Gun), der in einem Text als der erstgeborene Sohn Gottes bezeichnet wird. Leider ist die Textpassage, die von diesem Flutmythos handelt, korrupt. Sie findet sich in dem aus dem 4. Jahrhundert v. Chr. stammenden Werk *Fragen des Himmels*, einer Folge von Fragen oder Rätseln, deren Gegenstand die frühen Mythen und Legenden Chinas sind. Der darin behandelte Flutmythos lässt sich folgendermaßen aus den Einzelheiten rekonstruieren: Eine Gruppe von Untergöttern drängt den obersten Gott, Riesenfisch zu befehlen, die durch eine große Überflutung ausgelöste Weltkrise zu beheben. Obwohl Gott Riesenfisch den Auftrag gibt, die Fluten einzudämmen, ist er über seine Entscheidung im Zweifel. Zwei göttliche Kreaturen, die Eule, die um die Geheimnisse des Himmels weiß, und die Schildkröte, die die Geheimnisse der Gewässer kennt, kommen dem Helden zu Hilfe. Doch Riesenfisch kann die Flut nur dadurch bezwingen, dass er Gottes wundertätige Atmende Erde stiehlt, die kosmische Erde, mit der sich die Welt heilen lässt. Gott verdammt Riesenfisch wegen des Sakrilegs des Diebstahls zum Tode, noch bevor er die magische Erde einsetzen kann, und lässt ihn auf dem Federberg von dem Feuergott Gebetsdampf töten. Der Leichnam wird unbegraben zurückgelassen, zersetzt sich aber nicht. Aus dem Bauch des Helden kommt sein Sohn Yu zur Welt. Danach wird Riesenfisch von Schamanen wieder zum Leben erweckt und verwandelt sich in einen gelben Bären. In diesem Mythos besitzt Riesenfisch die Funktionen des

Retters, des heroischen Opfers, des scheiternden Helden und des sterbenden Gottes. Seine mythische Rolle ist die Vermittlung zwischen Gott und der Menschheit mit dem Ziel, die Weiterexistenz der Welt und des Menschengeschlechts sicherzustellen.

Die vierte Flutgeschichte erwies sich als die lebenskräftigste und wurde zur orthodoxen Version des klassischen chinesischen Flutmythos. Eine Version dieser Geschichte wird in dem gleichen Abschnitt der *Fragen des Himmels* erzählt, in dem sich auch der Flutmythos von Riesenfisch findet. Es heißt hier, dass Reptilienspur (Yu) von Gott begünstigt wurde und die Erlaubnis erhielt, die Atmende Erde zur Wiederherstellung des Kosmos und zur Eindämmung der Flut einzusetzen. Eine andere Version dieser Erzählung findet sich in den philosophischen Schriften des Menzius (4. Jahrhundert v. Chr.), des beredten Fürsprechers der Moralvorstellungen der konfuzianischen Schule. Wie auch bei anderen konfuzianischen Texten üblich, ist der Flutmythos um den Helden Yu bei

Reptilienspur (Yu) mit seiner Schaufel. Die Beischrift lautet: »Yu aus der Hsia-Dynastie verstand es, die Erde zu vermessen; er erforschte die Wasserquellen und begriff das Yin [kosmisches Prinzip]; mit Rücksicht auf die Jahreszeiten errichtete er hohe Deiche; dann zog er sich zurück und erfand die Leibesstrafen«

Menzius in die mythische oder sagenhafte Ära zu Beginn der Menschheitsgeschichte verlegt, als Erhaben (Yao) und Hibiskus (Shun) die Welt regierten. Eine riesige Überschwemmung drohte der Welt, die Wassermassen aller Flüsse traten über ihre Ufer und überfluteten China, das Reich der Mitte. Schlangen und Drachen machten sich in dem Land breit, und die Menschen konnten nirgendwo mehr sicher leben, deshalb bauten sie sich in der Ebene Schutznester oder hausten in Berghöhlen. Der Herrscher Hibiskus befahl Reptilienspur, die Überschwemmung einzudämmen. Reptilienspur grub Kanäle, um das Wasser ins Meer abzuleiten, vertrieb die Schlangen und Drachen und verscheuchte die Raubvögel und wilden Tiere. Die Menschen konnten in ihre Wohnstätten in den Ebenen zurückkehren und sich dort wieder ansiedeln. Diese Erzählung enthält eine Reihe wichtiger mythischer Motive. Die Überschwemmung führt das Motiv der Rückkehr zum ursprünglichen Chaos ein. Für das Motiv des mythischen Helden stehen Reptilienspurs große Mühen in seinem Kampf um die Wiederherstellung der Ordnung. Weitere Motive sind der Beginn einer neuen, zweiten Welt, das Überleben der Menschheit und die Wiederherstellung der Vorherrschaft der menschlichen Gesellschaft über das Reich der Tiere. Das wichtigste Motiv ist jedoch, dass die Überschwemmung nicht durch göttliches Eingreifen beendet wird, sondern durch das Handeln eines moralisch bestimmten Helden, der seine gesellschaftlichen Pflichten über seine privaten Wünsche stellt und seine Aufgaben mit Mut, Gehorsam und Tugend verrichtet.

Der Mythos vom Weltbrand

Im Mittelpunkt des wichtigsten Weltbrandmythos steht der Jagdgott Bogenschütze Yi. Das chinesische Zeichen für den Namen Yi zeigt verschlungene Hände und ein Federnpaar. Dieser Mythos benennt eine Ursache für den großen Brand, der die Welt zu vernichten drohte. Der Mythos von der Sonnengöttin berichtet, dass sie zehn Sonnen gebar, denen sie erlaubte, jeden Tag im Wechsel

Der Jagdgott Bogenschütze Yi schießt die Sonnen herunter, die auf dieser Darstellung durch Vögel im Weltenbaum symbolisiert werden

aufzugehen. Der Mythos erzählt weiter, dass eines Tages alle zehn Sonnen aufgingen, wodurch die Gefahr entstand, dass die Pflanzen versengt und die Menschen verbrannt würden. Der Jagdgott Bogenschütze Yi erbarmte sich der Menschheit und bat einen Himmelsgott, den großen Gott Erster (Jun), um seine Hilfe zur Rettung der Welt. Der Gott gab Bogenschütze Yi seinen göttlichen zinnoberroten Bogen und glatte Pfeile mit seidenen Schnüren. Der Jagdgott zielte auf die Sonnen und schoss sie herunter.

Eine andere mythische Erzählung berichtet, dass neun sengend heiße Sonnen zur Erde fielen und auf einem Felsen landeten, der später Strudelofen (Wu Jiao) genannt wurde. In diesem Namen wird die unendliche Gewalt des Meeres, das die Sonnen auslöschte, mit dem Glutofen kombiniert, der aus ihren geschmolzenen Resten entstand. Bogenschütze Yi tritt in mehreren einzelnen Geschichten auf, worin er mit einer der Mondgöttinnen verbunden ist und Kämpfe mit Ungeheuern besteht. Diese Geschichten um Bogenschütze Yi bilden einen Mythenzyklus.

Dürremythen

In mehreren verschiedenen Mythen ist von Dürrekatastrophen die Rede. Einer berichtet von einer Dürre, die fünf (oder, nach einer anderen Variante, sieben) Jahre anhielt. Sie ereignete sich zu der Zeit, als der König Tang der Eroberer, einer der mythischen Gründer der Shang-Dynastie, in China regierte. Die Untertanen hungerten und dürsteten, die Orakelpriester wollten Menschen opfern, um die Götter und die Geister der Ahnen zu besänftigen. Doch der König entschied sich für ein selbstloseres und heroischeres Vorgehen zur Beendigung der Dürre. Er begab sich in den heiligen Hain des Maulbeerwaldes und betete zu Gott, die Irrtümer der Menschheit zu vergeben und ihn als Opfer für die Beendigung der Züchtigung durch die Dürre zu akzeptieren. Er sprach: »Wenn ich, der Einzelne, gesündigt habe, bestrafe nicht das Volk. Wenn das Volk gesündigt hat, lass mich die Strafe auf mich nehmen.« Dann bereitete sich der König vor, wie ein Opfertier geopfert zu werden. Er schnitt seine Haare und die Fingernägel, rieb seine Hände glatt und besprengte sich mit Wasser. Dann wurde er mit weißen Binsen gefesselt und von weißen Pferden zu einem im Freien aufgebauten Altar gezogen. (Weiß war die Farbe, die den Tod bezeichnete.) Er wurde auf den Holzstoß gelegt, und gerade als dieser in Brand gesetzt wurde, begann es heftig zu regnen. Anders als in den Geschichten von der mythischen Flut wird in diesem Dürremythos die Ursache für die Katastrophe angegeben. Es handelte sich um eine göttliche Strafe für menschliche Fehler. In dieser Hinsicht ähnelt dieser Mythos Katastrophenmythen, wie sie in aller Welt und auch in der Bibel zu finden sind. Der Dürremythos entspricht dem halbtrockenen, von Dürre bedrohten Klima in der nördlichen Region der Shang-Kultur, ist aber nicht in den Schriften der Shang überliefert.

Ein weiterer Dürremythos ist nur fragmentarisch erhalten. Er berichtet von einer Leichengottheit namens Frau Teufelin (Nü Chou). In diesem Mythos spielt sie die Rolle des Opfers, die Erzählung sagt aber nicht, ob sie diese Rolle wählte oder sie ihr aufgezwungen wurde. Es wird erzählt, wie Frau Teufelin als eine Leichengottheit geboren wurde. Zu der Zeit, als die zehn Sonnen gleichzeitig aufgingen, blieb sie auf einem hohen Berg, um die menschlichen Fehler zu sühnen. Sie versuchte, ihr Gesicht mit ihrem grünen Ärmel zu schützen oder ihr entstelltes, versengtes Gesicht zu verbergen. Aber sie wurde von der gnadenlosen Hitze der Sonnen auf dem Berg verbrannt, starb und wurde als Göttin wiedergeboren. Ihre grünen Kleider sind ein Symbol für die jahreszeitliche Erneuerung der Vegetation und die belebende Macht des Regens. In einem anderen Fragment wird berichtet, dass Frau Teufelin im Meer lebte. Sie wird mit ihrem Emblem, der Krabbe, dargestellt. Nach einem alten Glauben wächst und vermindert sich die Krabbe gemäß dem zunehmenden und abnehmenden Mond; außerdem gilt sie als eine Kreatur, die die Quellen des Leben spendenden Wassers kennt.

Eine andere Erzählung meldet, dass die Tochter des Großen Gottes Gelb die Fähigkeit besaß, die Menschenwelt mit einer Dürre heimzusuchen. Ihr Name lautete Frau Dürregeist (Nü Ba). In der kosmischen Schlacht zwischen dem Herrn der gelben Erde und dem Kriegsgott Scherzreich setzte der Kriegsgott den Regengott als eine seiner Waffen ein. Doch der Große Gott Gelb schickte seine Tochter Frau Dürregeist, um die Quelle des Regens zum Versiegen zu bringen, und entsandte zudem seinen rächenden Verbündeten, den Antwortenden Drachen (Ying Long), der den Kriegsgott tötete. Diese göttliche Kreatur besaß die Macht, den Regen zurückzuhalten oder es regnen zu lassen. In einer Erzählung heißt es, dass nach diesem Götterkrieg die göttlichen Kräfte der Frau Dürregeist geschwächt waren und sie nicht mehr in den Himmel zurückkehren konnte. Sie blieb auf der Erde und verursachte Verwüstungen, indem sie Wassergräben und Bewässerungskanäle austrocknete. Deshalb erlernten die Menschen einen Ritus, um die Verderben bringende Göttin zu bannen; sie riefen: »Göttin, geh nach Norden!« Daraufhin musste die Göttin zu ihrem Verbannungsort zurückkehren.

Mythische Helden und Heldinnen

Die mythische Figur des Helden erscheint in den unterschiedlichen Rollen des Retters, des Kulturbringers, des Kriegers und des Begründers eines neuen Volkes, eines neuen Stammes oder einer neuen Dynastie. Die häufigsten und am weitesten über die Welt verbreiteten der mehr als zwanzig stereotypen Merkmale der Helden in den Mythen sind ihre wunderbare Geburt, das Motiv der drei Versuchungen oder Prüfungen, die Mühen bei der Bewältigung ihrer Aufgaben und das Auftreten göttlicher Hilfe aus der natürlichen oder übernatürlichen Welt. Heroen können sowohl männlichen als auch weiblichen Geschlechts sein. Heldentum zeigt sich als Tapferkeit im Krieg, als Idealismus, als Hingabe an eine Sache, als Geistesadel, als Hochmut, Rache oder Vaterlandsliebe. Helden besitzen also sowohl positive als auch negative Züge. Ein einzigartiges Merkmal der archetypischen chinesischen Helden ist ihre moralische Tugend.
Drei mythische Figuren exemplifizieren die stereotypen Züge des Helden in der chinesischen Mythologie. Und zwar sind dies Hirseherr, Hibiskus und Reptilienspur.

Hirseherr (Hou Ji)

Heroische Züge liegen in den Mythen um den Getreidegott Hirseherr (Hou Ji) deutlich zutage. Der früheste und facettenreichste der Mythen, die sich um diese Figur ranken, findet sich in der ältesten Dichtungsanthologie Chinas, dem *Buch der Lieder.* Ein lan-

In der dritten Prüfung des Helden während seiner Kleinkindzeit legt Jiang Yuan ihren Sohn Hirseherr (Hou Ji), den Getreidegott, auf eine Eisfläche, damit er erfriere

ges Erzählgedicht berichtet, wie diese Gottheit empfangen wurde, als die Göttin Jiang Yuan »in der Spur von Gottes großem Zeh« ging. Nach der Geburt wollte sich Jiang Yuan ihres Kindes entledigen, weil sie glaubte, es brächte Unheil. Die Erzählung berichtet von den drei Prüfungen des kindlichen Helden. Wie wir schon oben erfahren haben, legte Jiang Yuan das Kind zunächst auf einen schmalen Weg, über den Rinder zogen. Aber die Tiere zertrampelten das Kind nicht, sondern säugten es. Dann schaffte sie das Kind in einen Wald, damit es verhungern oder von wilden Tieren gefressen werden sollte. Aber Holzfäller aus der Ebene fanden und retteten das Baby. Schließlich legte die Göttin ihren Sohn auf eine Eisfläche, damit er erfröre, aber Vögel wärmten Hou Ji mit ihren Federn und nahmen ihn unter ihre Fittiche. Das Baby weinte so heftig, dass es gefunden wurde, und nun entschloss sich die Mutter, es zu ernähren und aufzuziehen. Das Kind wuchs heran und besaß göttliches Wissen über den Anbau von Bohnen und Hirse, welches es an die Menschen weitergab. Hirseherr lehrte die Menschen außerdem, diese Früchte zuzubereiten und sie zum Dank zu opfern. Das Heldenkind wurde zum Getreidegott und Begründer des Volkes der Zhou, nach dem sich die alten Könige als Zhou-Dynastie benannten.

Hibiskus (Shun)

Die mythische Figur des Hibiskus (Shun) ist in erster Linie durch die Eigenschaften eines moralischen Helden und eines Volksführers ausgezeichnet. Sein Heldensinn zeigt sich vor allem in seinem Gefühl für Gehorsam gegenüber den Eltern. Es wird berichtet, wie seine Familie ihn vernichten wollte, aber in all diesen Prüfungen oder Versuchungen reagierte er mit kindlichem Gehorsam, so dass er am Ende den mörderischen Hass seiner Verwandten überwand und sie zu tugendhaftem Verhalten brachte. In der ersten Episode der drei Versuchungen des Hibiskus schmieden sein Vater Blinder Mann (Gu Sou) und sein Halbbruder Elefant (Xiang) einen Plan, um ihn zu ermorden. Sie befehlen ihm, den Kornspeicher der Familie auszubessern. Hibiskus gehorcht, aber seine beiden klugen Frauen warnen ihn, dass sein Vater und sein Halbbruder den Speicher in Brand stecken wollen, damit er in den Flammen umkomme. Die Frauen raten ihm, seinen mit Vögeln bestickten Umhang anzuziehen. Als Hibiskus in den Speicher hinaufsteigt, nehmen Blinder Mann und Elefant die Leiter weg und setzen das Gebäude in Brand, aber Hibiskus verwandelt sich in einen Vogel und fliegt davon.

In der zweiten Episode befehlen ihm Vater und Halbbruder, einen Brunnen zu graben. Shun gehorcht, aber seine beiden Frauen warnen ihn wiederum und raten ihm, seinen mit Drachen bestickten Umhang zu tragen. Blinder Mann und Elefant beobachten ihn bei der Arbeit und beginnen, als Hibiskus den Schacht tief ausgeho-

ben hat, die Grube mit der ausgeworfenen Erde zuzuschütten, um ihn lebendig zu begraben. Doch Hibiskus verwandelt sich in einen Drachen und entkommt durch die unterirdischen Gewässer.
In der dritten Prüfung, der der Held Hibiskus unterzogen wird, möchte der Blinde Mann ihn dadurch töten, dass er ihm den übermäßigen Genuss von Alkohol aufnötigt. Hibiskus' beide Frauen geben ihm den Rat, sich in einer Zauberflüssigkeit (nach einer Variante in Hundekot) zu baden. Hibiskus reibt sich am ganzen Körper ein und trinkt anschließend auf Geheiß seines Vaters den Branntwein. Wieviel er auch davon trinkt, vor Rausch und Vergiftung bleibt er gefeit.
Da Hibiskus' Angehörige davon überzeugt sind, dass er an Alkoholvergiftung sterben werde, schicken sie sich an, seine Besitztümer untereinander zu teilen. Der Halbbruder hat sich in Hibiskus' Haus eingerichtet und spielt auf seiner Laute, als Hibiskus eintritt. Verwirrt und beschämt bringt Elefant Entschuldigungen vor und bestreitet jede Beteiligung an den Mordplänen. Die Geschichte der Prüfungen des Hibiskus endet mit den Worten: »Und Hibiskus diente wieder dem Blinden Mann, und er liebte seinen jüngeren Bruder Elefant und kümmerte sich hingebungsvoll um ihn.«
Dieser Mythos enthält mehrere Motive, die sich auch in Mythen anderer Kulturen finden. Der Name Blinder Mann symbolisiert in dieser Geschichte nicht bloß physische, sondern auch moralische Blindheit. Die nur umrisshaft erkennbare zweite Frau des Blinden Mannes, Hibiskus' Stiefmutter, zeigt Merkmale – Grausamkeit gegenüber einem jungen Mann; Bevorzugung des eigenen Kindes; Begierde nach dem Besitz des Stiefsohns –, die aus vielen Märchen vertraut sind.
Eines der ältesten Bücher, in dem der Mythos von dem gehorsamen Sohn Hibiskus aufgezeichnet wurde, war das im 4. Jahrhundert v. Chr. verfasste Buch des Menzius. Der Philosoph Menzius war ein wichtiger Verfechter der humanistischen Lehren der konfuzianischen Schule, vor allem war er der erste, der dem Prinzip des Gehorsams gegenüber den Eltern und der Familie besondere Bedeutung zuwies. Durch seine Lehren und insbesondere auch durch seine Erzählung von den Prüfungen des Hibiskus (Shun)

trug Menzius dazu bei, dieses Prinzip zu einem Ideal der konfuzianischen Ethik zu erheben. Doch Hibiskus gilt nicht nur als Ideal des Gehorsams, sondern auch als einer der großen Heroen der goldenen Zeit des Altertums, als der zweite in der Reihe der idealen Herrscher zwischen Erhaben (Yao) und dem Helden Reptilienspur (Yu).

Reptilienspur (Yu)

Die mythische Gestalt des Reptilienspur (Yu) zeigt die meisten der stereotypen Züge eines Helden. Er wird wundersam aus dem Bauch des Leichnams seines Vaters geboren. Er ist von dem Gott begünstigt, der ihm die heilige Atmende Erde und göttliche Kreaturen zur Eindämmung der großen Flut zur Verfügung stellt. Die Mühen dieses Helden waren so groß, heißt es, dass sein Körper auf einer Seite einschrumpfte, »ihm keine Fingernägel wuchsen und keine Haare auf den Unterschenkeln«. Als Bezwinger der Sintflut ist er das Ideal eines erfolgreichen Helden. Auch in der Götterwelt beweist er seine Führungsqualitäten, indem er die erste Götterversammlung einberuft. Seine Kampfstärke zeigt er, als er Weidenhelfer (Xiang Liu), ein neunköpfiges Ungeheuer, erschlägt, das mit seinem Geifer die Erde vergiftete, so dass alle Pflanzen eingingen. Mit diesen beiden Heldentaten der Eindämmung der Fluten und der Reinigung der Erde erweist sich Reptilienspur als eine Rettergestalt. Weiterhin unternimmt er die übermenschliche Arbeit, die gesamte Welt auszumessen. (Nach einer anderen Version beauftragt er einen anderen Gott damit.) Um den Menschen zu helfen, dass sie sich in einer feindseligen Welt zurechtfinden können, schmiedete er neun heilige Metallkessel, die mit Bildern des guten und bösen kosmischen Wissens geziert waren. (Nach einer anderen Version erhielt Reptilienspur diese Gefäße.) Dieser Held ist zudem nach Erhaben und Hibiskus der letzte in der Reihe der drei idealen Herrscher des Goldenen Zeitalters. Es heißt, er sei der Begründer der mythischen Xia-(Sommer-)Dynastie gewesen, welche die traditionelle Geschichtsschreibung (vor den

historisch nachweisbaren Shang- und Zhou-Dynastien) für die erste historische Herrscherdynastie Chinas hielt.
Während in den vielen Geschichten um Reptilienspur weniger deutlich von Prüfungen des Helden die Rede ist, ist das Motiv seiner Anstrengungen und Mühen ganz besonders betont. Bei seinen Bemühungen um die Wiederherstellung der natürlichen Weltordnung bewies er außerordentliche physische Belastbarkeit, Überlebenskunst und eine übernatürliche Stärke. Außerdem werden auch seine Charaktereigenschaften in den Geschichten erwähnt: sein Gehorsam bei der Lösung der übermenschlichen Aufgaben; die Geduld, Selbstlosigkeit und Tapferkeit, mit denen er diese zu Ende führte. Ein spezifisch chinesisches mythisches Motiv unter seinen Charakterzügen ist die moralische Größe und Integrität, mit der er die ihm gestellten scheinbar unlösbaren Aufgaben pflichtbewusst und hingebungsvoll ausführte.

Der scheiternde Held

Das Motiv des scheiternden Helden ist eine dynamische Ergänzung der Rolle des erfolgreichen Heros. Gute Beispiele für diese beiden Ausprägungen der Heldenfigur sind Riesenfisch (Gun) und sein Sohn Reptilienspur. Es gibt viele weitere Beispiele für scheiternde Helden in der chinesischen Mythologie: göttliche oder halbgöttliche Wesen, die in einem fairen Kampf um die Herrschaft einem stärkeren Gegner unterliegen. Manchmal ist ein offensichtlicher menschlicher Charakterfehler, beispielsweise Unaufrichtigkeit oder Hochmut, die Ursache ihres Scheiterns, dennoch aber werden die scheiternden Helden in den chinesischen Mythen mit Sympathie betrachtet. Zu den Beispielen für dieses Motiv gehören Riesenfisch, der Kriegsgott Scherzreich, Vater Prahlhans, der gegen die Sonne zum Wettlauf antrat, und die Göttin Frau Lieblich, die in den göttlichen Vogel Geisterwache verwandelt wurde.
Hartnäckig weigerte sich das kollektive Gedächtnis des chinesischen Volkes, diese Götter und Halbgötter herabzusetzen oder sie aus den frühen mythischen Erzählungen und den späteren Legenden und Volkssagen zu tilgen.

Die archetypische Retterfigur

Archetypische Retterfiguren finden sich am ausgeprägtesten in den Katastrophenmythen. Zu diesen Retterfiguren gehört die Schöpfergöttin Frau Gua, die ihre regenerativen Kräfte und ihre Fähigkeiten als göttliche Schmiedin nach dem Feuersturm und der Sintflut zur Wiederherstellung des Kosmos und zur Rettung der Menschheit einsetzte. Auch der Jagdgott Bogenschütze Yi ist eine Rettergestalt. Er verhinderte, dass die Welt in Brand geriet, als die zehn Sonnen gleichzeitig am Himmel aufgingen. Rettergestalten sind auch Riesenfisch und Reptilienspur, doch während diesem seine Vorhaben gelangen, scheiterte jener, da er das Sakrileg des Diebstahls beging. Ein Retterheros ist auch der mythische Shang-König Tang der Eroberer, der sich als Menschenopfer darbot, um den Gott zu besänftigen, der die Menschheit mit einer schweren Dürrekatastrophe gestraft hatte.

Doch auch in anderen mythischen Themen erscheint der Archetyp des Retters. Das gilt beispielsweise für die Gottheiten, welche den Menschen Wohltaten erweisen, weil sie von dem Wunsch motiviert sind, die Menschen vor der rauen Umwelt zu schützen und für ihr Überleben zu sorgen. Dieses Motiv ist insbesondere in dem Mythos vom Ackergott erkennbar. Er erzählt, dass sich der Gott den Qualen und den Schmerzen, schädliche Pflanzen zu essen, unterzog, um so den Menschen zu zeigen, welche Pflanzen schädlich und welche nützlich waren. Auch in den Jahreszeitenmythen finden sich Rettergestalten, die die Menschheit vor Qualen und Entbehrungen schützen wollen. So sendet der Gott Fackeldrache (Zhu Long) sein göttliches Licht in den Nordwesten, der, so glaubte man, vom Sonnenlicht nicht erreicht wird. Diese Gottheit ist scharlachrot; sie besitzt einen Schlangenkörper und einen Menschenkopf. Wenn Fackeldrache seine Scheitelaugen schließt, wird es dunkel. Wenn er sie öffnet, verbreitet sich Licht über die »neun Finsternisse«. Fackeldrache ist dermaßen um das Wohlergehen der Menschheit besorgt, dass er nicht isst, nicht ruht und nicht schläft.

Der Held als Kämpfer gegen Ungeheuer

In einer Erzählung von der Sonnenkatastrophe wird berichtet, dass der Jagdgott Bogenschütze Yi die neun Sonnen vom Himmel schoss und die Ungeheuer tötete, die das Land verwüsteten und die Menschheit plagten. Yi erschlug sechs Ungeheuer: den drachenköpfigen Menschenfresser Kerbenriss (Ya Yu), das raubgierige Ungeheuer Meißelzahn, das gefräßige Monster Neun Schlünde, den verderblichen Vogel Riesensturm, ferner den Rieseneber und die mächtige Riesenkopf-Schlange. Yi war erfolgreich in seinem Bemühen, die Menschheit zu schützen. Einige der Ungeheuer erschoss er, andere erschlug er. Er köpfte die Schlange an dem heiligen See Stromhof und fing den Eber in dem heiligen Hain des Maulbeerwaldes. Nach einer Version des Mythos erhielt Bogen-

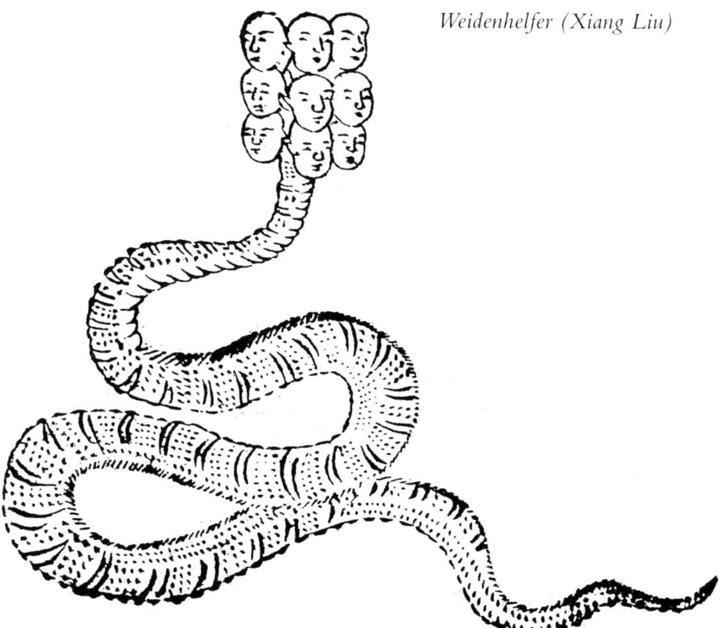

Weidenhelfer (Xiang Liu)

schütze Yi von dem Gott die Erlaubnis, diese Taten auszuführen, nach einer anderen vollbrachte er sie auf Geheiß des idealen Herrschers Erhaben (Yao), den das Volk daraufhin zum souveränen Herrscher wählte.
Der Held Reptilienspur besitzt viele mythische Funktionen. Unter anderem ist er auch ein Krieger, der ein Ungeheuer erschlägt. Während er sich bemüht, die Weltflut einzudämmen, erschlägt er eine riesige Kreatur, die das Land vergiftete, so dass keine Pflanzen wachsen konnten und die Menschen nichts zu essen hatten. Wie schon erwähnt, hieß dieses Ungeheuer Weidenhelfer (Xiang Liu). Es war ein Dienstmann des rebellischen Arbeitsgottes Gemeinschaftliche Arbeit und besaß einen grünfarbenen Schlangenkörper und neun Köpfe mit menschlichen Gesichtern. Jeder der Köpfe fraß von verschiedenen Teilen des Landes. Überall, wo sich das Ungeheuer entlangwälzte oder wo es seinen Geifer fallen ließ, wurde der Boden faulig und vergiftet. Reptilienspur erschlug Weidenhelfer, aber damit war die Arbeit nicht getan. Nun schoss das stinkende Blut aus dem Leichnam und vergiftete den Boden noch mehr. Deshalb hob der Held die übel riechende Erde aus und ließ das Blut des Ungeheuers in die entstandene Grube fließen. Er grub und grub, aber immer wieder füllten sich die Gruben mit Blut. Mit der Erde, die er ausgehoben hatte, errichtete Reptilienspur schließlich eine hohe Terrasse, wo er den Göttern dafür dankte, dass sie es ihm ermöglicht hatten, seine Aufgaben zu erfüllen, das Ungeheuer zu erschlagen und die Flut einzudämmen.

Der Kriegsheros

Sima Qian (um 186–145 v. Chr), dem ersten chinesischen Historiker, galt die mythische Gestalt des Großen Gottes Gelb (Huang Di) als Urquell der chinesischen Kultur und Zivilisation. In den mythischen Erzählungen tritt diese Gottheit als friedliebender Kulturträger in Erscheinung, aber auch als ein kriegerischer Gott, der sich in wichtigen Schlachten gegen eine Reihe von Feinden durchsetzte. Gleichwohl werden Huang Dis Schlachten nicht so

Der Große Gott Gelb (Huang Di). Die Beischrift bedeutet: »Der Große Gott Gelb erschuf und veränderte viele Dinge; er erfand Waffen, die Brunnen und die Feldereinteilung; er erfand Unter- und Oberbekleidung und errichtete Paläste und Häuser«

detailliert ausgemalt wie in anderen Mythologien, wo von unbändiger Wut und dämonischer Raserei die Rede ist. Von dem Großen Gott Gelb heißt es in den Geschichten vielmehr, dass er »keine Freude an Krieg und Aggression« hatte. In einer der Geschichten wird erzählt, wie er gegen seinen Bruder, den Großen Gott Flamme, kämpfte. Jeder hatte zuvor die Hälfte der Welt beherrscht, doch nun brach ein Streit über die Vorherrschaft aus. Die beiden Brüder setzten die Elemente als Waffen ein. Flamme bediente sich des Feuers, Huang Di des Wassers. Im Kampf der beiden feindlichen Elemente setzte sich Wasser gegen Feuer, und damit der Große Gott Gelb gegen den Großen Gott Flamme durch.
Huang Di führte auch Krieg gegen den Kriegsgott Scherzreich, der die Metallwaffen erfand. Der Kriegsgott setzte den Regen ein, doch dem Großen Gott Gelb diente seine Tochter Frau Dürregeist, die den Regen trocknete, so dass Huang Di siegte. Nach der Erzählung hatte der Große Gott Gelb in diesem Kampf das göttliche Recht auf seiner Seite, da ihn der Kriegsgott herausgefordert hatte.

Einen weiteren Kampf trug Huang Di gegen den Donnergott Ehrfurchtsvoll (Kui) aus. Dieser Gott war von blauer Farbe und hatte die Gestalt eines Ochsen, aber nur ein Bein. Er leuchtete wie die Sonne oder der Mond. Aber Huang Di begehrte seine Fähigkeit, den ganzen Kosmos mit seiner donnernden Stimme zu erfüllen. Deshalb erschlug er den Donnergott und bespannte mit dessen Haut eine Trommel. Anschließend tötete er eine andere göttliche Kreatur, deren Knochen er als Trommelstock verwendete. Dann schlug er die göttliche Trommel, deren »Geräusch fünfhundert Meilen weit zu hören war und die Welt erschauern ließ«.

Die vierte Geschichte von den Kriegstaten des Großen Gottes Gelb berichtet, dass dieser von den vier Kaisern, den Göttern der vier Himmelsrichtungen, angegriffen wurde. Starklicht war der grüne Gott des Ostens, Flamme der rote Gott des Südens, Jung

Der Donnergott Ehrfurchtsvoll (Kui)

Himmelsheiter der weiße Gott des Westens und Liebende Sorge der schwarze Gott des Nordens. Einige dieser Götter sind uns bereits aus dem Zusammenhang anderer mythischer Erzählungen bekannt, in denen sie andere Rollen und Funktionen besitzen. Die Geschichte vom Kampf des Großen Gottes Gelb mit den vier Kaisern gehört einer etwas späteren Überlieferung aus einer Zeit an, als sich die Mythen bereits zu verändern begannen. In den älteren Mythen war Liebende Sorge (Zhuan Xu) der große Himmelsgott und der Große Gott Flamme Huang Dis Bruder und ein allmächtiger Gott. In dem jüngeren Mythos verbinden sich die vier Götter gegen den Großen Gott Gelb und belagern ihn in seiner Stadt. Schließlich jedoch werden sie von ihm besiegt.
Zweifellos schildern die ältesten und auch einige der jüngeren Mythen den Großen Gott Gelb in allererster Linie als einen kriegerischen Gott, der sich stets erfolgreich gegen seine Feinde behauptet. Später wurde Huang Di zur höchsten Gottheit des philosophischen und des religiösen Daoismus. Eine Reihe von kleineren Mythen und Volkssagen wurden mit ihm verbunden, die, zusammen genommen, einen um ihn zentrierten Mythenkreis ausmachen. Vor allem aber wurde dieser Gott in der Sakralgeschichte des chinesischen Volkes, das sich auf Götter, ideale Herrscher und große Helden zurückführte, als Ahnherr der chinesischen Zivilisation betrachtet.
Das Motiv des kriegerischen Gottes findet sich daneben auch in den mythischen Erzählungen um den halbgöttlichen Helden Reptilienspur. Als strafende Gottheit züchtigt er den Gott Riesensturm, weil dieser sich bei der ersten Götterversammlung verspätet. Eine weitere Geschichte berichtet, dass Reptilienspur, als er den Auftrag hatte, die Flut einzudämmen, den rebellischen Gott Gemeinschaftliche Arbeit vertrieb. Bei der Erfüllung jener Aufgabe tötete er einen Untergebenen dieses Gottes, die neunköpfige Schlangengottheit Weidenhelfer, die das Ackerland vergiftete.
Ein anderer Mythos, der von der Flutkatastrophe handelt, erzählt davon, dass Reptilienspur den aufrührerischen Flussgott des in Zentralchina gelegenen Flusses Huai unterwerfen musste. Dieser Gott hatte das Aussehen eines Menschenaffen mit aufwärts gerich-

teter Schnauze und hoher Stirn. Sein Körper war von grüner Farbe, der Kopf weiß, die Augen glänzten metallisch, und sein Nacken war dreißig Meter lang. Jener Flussgott war stärker als neun Elefanten. Angesichts der schwierigen Aufgabe bat Reptilienspur seinen Verbündeten Sieben-Dämmerung (Geng Chen), ihm bei der Gefangennahme des rebellischen Flussgottes zu helfen. Schließlich wurde diesem ein großes Seil um den Nacken geschlungen und eine Metallglocke durch seine Nase getrieben. Dann wurde er auf einen fernen Berg verbannt. Anschließend floss das Wasser des Huai wieder ruhig in das Meer.

Geschlechterrollen im Mythos

Die moderne Genderforschung hat aufgezeigt, dass sich vergessene weibliche Figuren aus Berichten der traditionellen Geschichtsschreibung und Literatur rekonstruieren lassen. Es ist möglich, aus dem Schweigen der alten Berichte die ursprüngliche Rolle der Frauen wieder an den Tag zu bringen. Dieser neue Forschungsansatz hinsichtlich der Rolle der Frauen in Geschichte und Kultur erweist sich als besonders fruchtbar für die Wiederentdeckung zuvor unbekannter oder gering bewerteter weiblicher Gestalten in der chinesischen Mythologie.

Zu den wichtigsten Beispielen solcher Gestalten gehört die große Sonnengöttin Hauch-Verschmelzung (Xi He). In frühen mythischen Erzählungen ist sie die Mutter der zehn Sonnen. Sie ernährte diese, nachdem sie ihre tägliche Himmelsreise vollbracht hatten. Einige Berichte melden, Hauch-Verschmelzung sei die Wagenlenkerin der Sonne gewesen. Später aber wurde ihre Rolle nach und nach reduziert, und ihre verschiedenen Funktionen wurden auf männliche Figuren übertragen. Die einst mächtige Göttin wurde in die beiden männlichen Gestalten Hauch (Xi) und Verschmelzung (He) zerlegt, deren Aufgabe es war, den Jahreslauf im Ackerbau zu regulieren.

In der gleichen Weise wie Hauch-Verschmelzung wurde die alte große Göttin Frau Gua, die ursprünglich als Schöpferin und Retterin viele Rollen und Funktionen besaß, zu einer untergeordneten Gestalt abgewertet, mit dem männlichen Gott Hingestrecktes Opfer (Fu Xi) verbunden und von einer Göttin zu einem Menschenwesen herabgesetzt.

Wenn man die geschlechtsspezifischen Mythen Chinas genau untersucht, zeigen sich Hinweise auf eine beträchtliche Zahl wichtiger weiblicher Rollen. Dazu gehören die Funktionen der Schöpferin und Retterin, der Regulierung von Kosmos und Jahreslauf, der Begründung von Dynastien und Genealogien. Es gab strafende und liebende Frauen, Frauen in der Rolle der Listenreichen und des Opfers. Frau Gua beispielsweise besitzt in den Mythen die Funktionen der ursprünglichen Schöpfungsgottheit, der Erretterin vor Katastrophen und der Stifterin der Institution der Ehe. Die Sonnengöttin besaß ebenfalls mehrere wichtige Funktionen: Sie war die Mutter der zehn Sonnen, sie reinigte und ernährte die jeden Tag aufgehende Sonne, regulierte den Tages- und Jahreslauf durch die regelmäßige Ablösung ihrer Sonnenkinder. Vergleichbare Funktionen nahm die ursprüngliche Mondgöttin gegenüber ihren zwölf Mondkindern wahr. Die andere Mondgöttin, die Ewig Erhabene (Chang E), ist als Geist des Mondes mit dem Thema der Unsterblichkeit und Wiedergeburt verbunden. Außerdem spielt sie die Rolle einer Trickstar-Gottheit, indem sie ihrem Gatten, dem Jagdgott Bogenschütze Yi, den Trank der Unsterblichkeit entwendet.

Zwei weibliche Gottheiten haben die wichtige Funktion, Ahninnen von Dynastien zu sein. Bambusstreifen-Mädchen (Jian Di) gebar den männlichen Gott, der die Shang-Dynastie begründete. Jiang, die Begründerin, wurde zur Stammmutter der Zhou, denn sie gebar die Gottheit Hirseherr, den Stifter der Zhou-Dynastie.

Das *Buch der Berge und Meere* ist eine wertvolle Quelle für weibliche Mythen; von allen klassischen Texten des alten China stellt es die weiblichen mythischen Gestalten mit größter Sympathie dar. Insbesondere in seinen letzten Kapiteln erzählt es die Mythen zahlreicher weiblicher Ahnen, die als Göttinnen eine genealogische Linie begründeten und Gottheiten gebaren, von denen ein Volk oder ein Land ihren Ursprung ableiteten. Zu diesen wenig bekannten Göttinnen gehören die Erste Donnerin (Lei Zu) und die Vorzeichen-Hörende (Ting Yao).

Eine weitere bedeutende Göttin ist die Königinmutter des Westens. In den ältesten Darstellungen ist sie eine wilde und erbar-

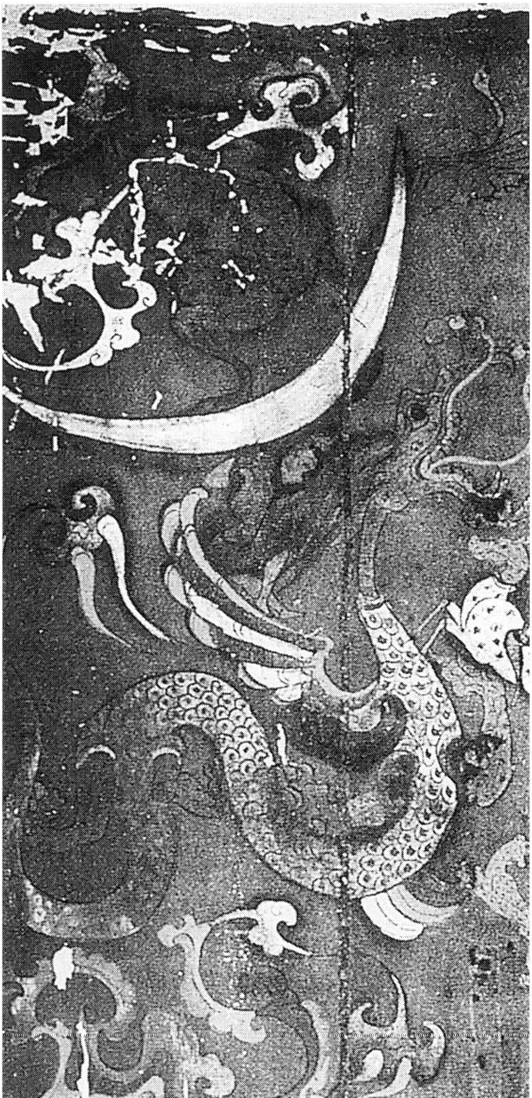

Die Mondgöttin Ewig Erhabene (Chang E)

Die Königinmutter des Westens auf ihrem Leopardenthron; in ihrem Gefolge neben anderen Figuren der neunschwänzige Fuchs

mungslose Göttin, die die Menschenwelt mit Krankheiten und Verderben straft. Sie besitzt aufgelöste Haare, die Hauer einer grimmigen Tigerin und einen Pantherschwanz. Grausame Wildkatzen begleiten und beschützen sie. Von späteren Schriftstellern wurde ihr Bild aber abgemildert. Sie wurde zu der Gottheit, die Menschen Unsterblichkeit gewährt, und zu einer zivilisierten Herrscherin, die historischen chinesischen Kaisern huldvolle Audienz gab und mit den Herrschern der Menschen Gedichte, Lieder und Höflichkeiten austauschte.

In Fragmenten mythischer Erzählungen werden kurz Göttinnen erwähnt, deren Funktionen als Rächerinnen oder Bestraferinnen

aus ihren Namen hervorgehen. Zu diesen gehören Mörderin (Nü Qian), Zerstörerin (Nü Mie), Frau Streitaxt (Nü Qi) und Opfernde (Nü Ji).
In der entgegengesetzten Rolle als Opfer erscheint die Frau in dem Mythos von Frau Lieblich (Nü Wa), die ertrank und in den göttlichen Vogel Geisterwache verwandelt wurde. Das Grundzeichen von »Wa« bezeichnet einen Frosch. Auch Frau Teufelin hat eine Opferrolle: Sie verbrannte beim Aufstieg der zehn Sonnen und wurde zu einer Leichengottheit. Wie die Froschgöttin Frau Lieblich starb und sich in einen Vogel verwandelte, so geschah es auch einer Gestalt, die als Gottes Tochter bezeichnet wird, deren Gesamtmythos nicht bekannt ist. Sie verwandelte sich in einen Baum, der ihren Namen trägt, den Seidenmaulbeerbaum der Tochter Gottes.
Die mythische Rolle der liebenden Göttin ist in der chinesischen Mythologie im Vergleich zu anderen Mythologien, insbesondere der griechischen und römischen, selten. Wir finden sie in dem Sternenmythos von Weberin (Zhi Nü) und Rinderhirt, zwei Liebenden, die Gott bestrafte, indem er sie trennte. Nur einmal im Jahr durften sie sich treffen, in der siebenten Nacht des siebenten Monats, wenn der Himmelsfluss (die Milchstraße) durchwatet werden konnte.
Zwei geschlechtsspezifische Merkmale sind für die chinesische Mythologie typisch. Die Gottheiten, die als Spender von Kulturgütern auftreten, den Menschen beispielsweise das Feuer oder Heilmittel bringen, sind in der Regel männlich. Außerdem sind es nicht ausschließlich Frauen, die Nachkommen gebären. Göttinnen als Gebärerinnen begegnen in den Gestalten der Sonnenmutter, der Mondmutter und der beiden göttlichen Stammmütter der Shang- und der Zhou-Dynastie sowie einiger weiterer Ahnengöttinnen. Erwähnenswert ist auch der Mythos von der jungfräulichen Geburt im Land der Frauen. Diese Frauen baden in einem befruchtenden gelben Teich und bringen daraufhin Kinder zur Welt, von denen sie nur die Mädchen am Leben lassen. Viele Mythen erzählen aber auch von Geburten aus einem Vater, so von der Geburt des Helden Reptilienspur aus dem Bauch seines Vaters. In

Weberin (Zhi Nü) und Rinderhirt treffen im Himmel zusammen

vielen genealogischen Mythen wird erzählt, dass männliche Götter andere Götter gebaren, die in der Regel wiederum männlichen Geschlechts waren.

Weibliche mythische Figuren sind manchmal schon durch Namen oder Titel als Frauen erkennbar. Das deutlichste Beispiel dafür ist die Bezeichnung *Nü*, die »Frau« bedeutet. Auch die Bezeichnungen *Huang* und *E* weisen auf Frauen hin, so bei der Ewig Erhabenen (Chang E) oder der Erhabenen Gnade (E Huang). Das Geschlecht anderer Göttinnen wird in ihrem Namen verdeutlicht, so durch *Mu*, deutsch »Mutter«, bei der Königinmutter des Westens. Bei anderen Figuren erfährt man das Geschlecht nur aus der mythischen Geschichte, so bei Bambusstreifen-Mädchen (Jian Di) oder Jiang, der Begründerin.

Insgesamt ist die Zahl weiblicher Gottheiten im chinesischen Pantheon geringer als die der männlichen. Dennoch waren nicht wenige weibliche Gottheiten des Altertums hinsichtlich ihrer Rolle, ihrer Funktion und ihres Kults bedeutender als männliche Gottheiten oder ihnen jedenfalls gleichwertig. Erst in der weiteren Entwicklung der mythischen Überlieferungen wurden mit der veränderten gesellschaftlichen Einstellung zur Rolle von Männern und Frauen in der Familie und im öffentlichen Leben Funktionen von weiblichen auf männliche Gestalten übertragen. Diese Tendenz zeigt sich in den Aufzeichnungen aus der jüngeren klassischen Zeit, in denen Mythen über weibliche Gestalten nur noch am Rand und verzerrt dargestellt wurden und die Macht weiblicher Gottheiten auf verschiedene Weise von den männlichen Autoren, die die Mythen aufschrieben und veränderten, herabgesetzt wurde. Um das Jahr 1100, im chinesischen Mittelalter, wurden die Texte des klassischen Altertums von einer akademischen und literarischen Hierarchie von Männern kodifiziert und gedruckt. Dabei wurde die Geschichte der Frauen umgeschrieben, indem diese Männer die antiken Mythen gemäß neuer ideologischer Glaubenssysteme umgestalteten und veränderten. Diese frauenfeindliche Ausrichtung führte dazu, dass viele wichtige weibliche mythische Figuren aus den mythologischen Aufzeichnungen getilgt wurden. Die moderne Forschung zur chinesischen Mythologie steht vor der Aufgabe, deren ursprüngliche Stellung wiederherzustellen und ihre Funktionen innerhalb des mythologischen Repertoires neu zu bewerten.

Metamorphosen

In der chinesischen Mythologie gibt es keine klare Trennlinie zwischen Sterblichkeit und Unsterblichkeit, sondern die beiden Zustände gehen häufig ineinander über. Obwohl die ursprünglichen Gottheiten ihrem Wesen nach unsterblich sind, kommen einige von ihnen zu Tode, indem sie von anderen getötet werden, einen Unfall erleiden oder aus sonstigen Ursachen sterben. Ihre Verwandlungskräfte sind jedoch so wunderbar und ihrer ungreifbaren Existenz lässt sich so wenig eine Grenze setzen, dass sie auch nach ihrem Tod fortexistieren oder dass Teile ihres Körpers in einem veränderten Zustand weiterleben. Mythische Gestalten, die getötet wurden oder starben, erleben eine Metamorphose.

Viele dieser Wesen werden in Pflanzen, Vögel, Landtiere oder Gegenstände verwandelt. Als der Kriegsgott Scherzreich getötet wurde, verwandelten sich seine Fesseln in einen Ahornhain. Als Vater Prahlhans verdurstete, entstand aus seinem übriggebliebenen Wanderstab der Kletterwald (Deng Liu). Die Mutter eines Helden und Staatsmanns namens Staatsdiener (Yi Yin) wurde in einen hohlen, auf dem über die Ufer getretenen Fluss treibenden Maulbeerbaumstamm verwandelt, weil sie das ihr durch einen Traum vermittelte Gebot, nicht auf die überflutete Stadt zurückzublicken, unbeachtet ließ.

Einige mythische Gestalten wurden in Himmelskörper verwandelt. Ratgeber (Fu Yueh) war ein beispielhafter Minister des historisch gesicherten, der Shang-Dynastie angehörenden Königs Wu Ding (um 1200 – 1181 v. Chr.). Wegen seiner Weisheit und seiner menschenfreundlichen Verwaltung wurde er als ein unsterblicher

Stern an den Himmel versetzt. In dem Mythos der beiden zerstrittenen Brüder Aufhaltender (Yan Bo) und Sinkender (Shi Chen) werden diese zur Strafe als Sterne in den Himmel verbannt, wo sie stets getrennt sind und sich niemals treffen. Wie die beiden Liebenden Weberin und Rinderhirt zu Sternen wurden, ist nicht bekannt, doch ihre unglückliche Liebe war ein so volkstümliches Thema, dass ihre Geschichte in vielen Versionen immer wieder neu erzählt wurde.

Wichtige Mythen berichten von der Verwandlung von Göttern oder Heroen in Tiere. Als der göttliche Held Riesenfisch (Gun) an der Aufgabe scheiterte, die Flut einzudämmen, und getötet wurde, weil er die magische Erde des Gottes gestohlen hatte, verwandelte er sich in einen gelben Bären (oder, nach anderen Überlieferungen, in eine Schildkröte oder einen Drachen). Sein Bärentum ging, wie wir gesehen haben, auch auf seinen wundersam geborenen Sohn Reptilienspur über. Als dieser herangewachsen war und sich an die Aufgabe gemacht hatte, die Flut einzudämmen, traf er eine junge Frau, die zu einem in den Bergen lebenden Stamm gehörte, und vereinigte sich mit ihr. Eines Tages erschien er ihr durch ein Missgeschick in seiner Bärengestalt. Sie rannte davon und wurde in einen Stein verwandelt. Reptilienspur verfolgte sie und befahl dem Stein, seinen Sohn freizugeben. Der Stein zerbarst, und Reptilienspurs Sohn Offen, Herr des Sommers, trat heraus.

In dem Mythos von einer der Mondgöttinnen, der Ewig Erhabenen (Chang E), heißt es, dass diese in eine Kröte verwandelt und auf den Mond versetzt wurde, weil sie ihrem Gatten den Trank der Unsterblichkeit entwendet hatte. In anderen Versionen ihres Mythos wird hingegen berichtet, dass die Kröte und der Hase, Symbole der Erneuerung und des Einfallsreichtums, bereits auf dem Mond lebten oder dass der Hase (in einer anderen Variante das Kaninchen) das Schoßtier der Göttin war.

Am häufigsten aber sind in der chinesischen Mythologie Verwandlungen in Vögel, vielleicht, weil das Fliegen selbst wie etwas Göttliches wirkte. Die Göttin Frau Lieblich, die Tochter des Großen Gottes Flamme, wurde zu dem Vogel Geisterwache, nachdem sie ertrunken war. Aus einigen fragmentarischen Mythen ist bekannt, dass der halbgöttliche ideale Herrscher Erhaben (Yao) einen Sohn namens Zinnoberrot hatte, mit dem er unzufrieden war. Als Erhaben sich zur Abdankung entschloss, überging er seinen Sohn und übertrug die Regierung der Welt auf seinen Minister Hibiskus (Shun). Der Mythos berichtet, dass Erhaben seinen Sohn Zinnoberrot vertrieb (oder, nach einer anderen Version, tötete), der daraufhin in die im feurig heißen Süden lebende Roteule (Zhu) verwandelt wurde, einen Unheilsvogel, der die Verbannung von Beamten vorhersagt, wenn er irgendwo erscheint. Ein ähnliches Geschick ereilte die Übeltäter Trommelberg (Gu Shan) und Mächtiger Fischadler (Qin Pei). Diese beiden mythischen Wesen hatten den Gott Schönfluss (Bao Jiang) ermordet und wurden für dieses Verbrechen von einem großen Gott in Stücke gehackt. Sie verwandelten sich in Raubvögel. Mächtiger Fischadler wurde zu einem riesigen Fischadler mit schwarzer Musterung, scharlachrotem Schnabel und Tigerklauen. Das Erscheinen dieses Vogels ist ein Vorzeichen des Krieges. Trommelberg wurde in eine Art Milan verwandelt. Er hat scharlachrote Füße und ein gelbes Gefieder. Sein Erscheinen verheißt eine Dürre. Von der Metamorphose in einen Vogel ist auch in dem Mythos von einem König der südwestlichen Provinz Shu (dem heutigen Sichuan) die Rede. Diese tragische Geschichte berichtet, dass jener König Obacht (Wang) von einem Mann erfuhr, der als im Wasser treibende Leiche entdeckt und dann wieder zum Leben erweckt worden war. König Obacht machte ihn zu seinem Minister. Später dann wurde das Königreich von einer Flut heimgesucht, und der König vermochte nicht, sie einzudämmen. Deshalb entsandte er seinen Minister in eine abgelegene Region seines Reiches, um dort gegen die Fluten zu kämpfen. Als der Minister abwesend war, beging der König mit dessen Frau Ehebruch. Doch später schämte er sich dieser Tat so sehr, dass er zu Gunsten seines Ministers abdankte und sich die freiwillige Verbannung auferlegte. Der König verwandelte sich in einen Ziegenmelker. Wann immer die Menschen den Ruf des Ziegenmelkers hörten, sagten sie, er sei die Seele des Königs Obacht.

Der daoistische Philosoph Zhuang Zi griff auf das mythische Motiv der Metamorphose zurück, um komplizierte Ideen zur Relativität der Wahrnehmung, der Subjektivität und der objektiven Realität zu verdeutlichen. In einer seiner allegorisch ausgemalten Darlegungen erzählt er den Mythos von dem Tausende Kilometer langen Fisch Kun, der sich in den freundlichen Vogel Peng verwandelt, dessen Spannweite Tausende Kilometer beträgt. Wenn Peng fliegt, erhebt er sich in eine Höhe von zehntausend Kilometern und wirkt von der Erde aus wie eine Wolke. Bei seinem Flug stört er die Wasser des Ozeans über tausend Kilometer hin auf. Dieser Vogel kann sechs Monate lang schweben, ohne ein einziges Mal zu rasten. Wenn er auf die Welt hinunterblickt, wirken die Menschen wie Staubkörner, und eine Menschenmenge ist von einer Herde wilder Tiere nicht zu unterscheiden.

Die hoheitsvollste und zugleich poetischste Metamorphose findet sich in dem Mythos von dem halbgöttlichen ersten Menschen Gewundenes Altertum (Pan Gu). Als der Riese im Sterben lag, wurden seine Körperglieder in die einzelnen Bestandteile des Kosmos umgewandelt. Sein Atem wurde zu Wind und Wolken, seine Augen wurden zu Sonne und Mond, seine Körperflüssigkeiten zu Regen und Flüssen, aus seinem Fleisch entstand der Erdboden. Aus den Insekten, die auf seinem sterbenden Körper lebten, entwickelten sich die ersten Menschen, das »schwarzhaarige Volk«, ein alter Name für die Chinesen.

Metamorphosen finden sich auch in dem Mythos von der Ursprungsgöttin Frau Gua. Zunächst heißt es, dass sie siebzig Transformationen durchlief und alle Dinge der Welt erschuf. Weiter wird berichtet, dass sich ihre Eingeweide verwandelten und daraus eine zusammengesetzte Gottheit aus zehn Einzelwesen, die »Eingeweide der Frau Gua«, entstand. Frau Guas Macht war so groß, dass die einzelnen Teile ihres Körpers ihren göttlichen Charakter bewahrten und in verwandelter Form unsterblich blieben.

Häufig findet sich eine symbolische Beziehung zwischen der Gottheit oder mythischen Figur, die eine Verwandlung erfährt, und dem neuen Zustand, in den sie übergeht. So verwandelten sich beispielsweise die Übeltäter, die einen Gott ermordet hatten, in die Unheil verheißenden Raubvögel Fischadler und Milan. In ähnlicher Weise symbolisieren die Ahornbäume, in die die Fesseln des Kriegsgottes verwandelt wurden, durch ihr leuchtend rotes Blattwerk das Blutvergießen. Die Kröte, in die sich die Mondgöttin verwandelte, galt als Symbol der Erneuerung, da sie ihre alte Haut abstreift und dadurch wie neu geboren wirkt. In der chinesischen Mythologie entspricht der Status der Unsterblichkeit dem ewiger Jugend. Den erlangte die Mondgöttin, als sie von dem heiligen Elixier trank, das sie ihrem Gatten gestohlen hatte. Auch der Mond, zu dessen Göttin sie wurde, ist wegen seines zyklischen Ab- und Zunehmens ein Symbol der Erneuerung, ein Zyklus aus Geburt, Wachstum, Alter, Sterben und Wiedergeburt. Der hohle Maulbeerbaumstamm, in den die Mutter von Staatsdiener (Yi Yin) verwandelt wurde, ist ein Symbol der Gebärmutter, und der Fluss, auf dem der mütterliche Maulbeerbaumstamm trieb, ist ein Sinnbild des Lebens und des Fruchtwassers. Der Sohn dieser Frau wuchs heran und wurde ein Held, der dem mythischen Shang-König Tang, dem Eroberer, loyal diente.

In vielen Geschichten von Metamorphosen spielt das Thema der Bestrafung eine Rolle. Der Kriegsgott wurde bestraft, weil er den Großen Gott Gelb herausgefordert hatte. Riesenfisch wurde für das Sakrileg des Diebstahls hingerichtet, das gleiche Verbrechen, für das die Mondgöttin in eine hässliche, allerdings unsterbliche Kröte verwandelt wurde. Auch die Verwandlung in Vögel, die Zinnoberrot, Mächtiger Fischadler, Trommelberg, Geisterwache und König Obacht widerfuhr, fügt sich in das Muster einer als Strafe auferlegten Metamorphose ein.

Sagenhafte Pflanzen und Tiere

Erzählungen, die sich auf Naturmythen beziehen, sind eine frühe Form einer »unnatürlichen« Naturgeschichte. Die tierischen und pflanzlichen Wesen, die in den Mythen vorkommen, sind primitive Allegorien für bestimmte Vorstellungen, denn man glaubte, dass die realen oder imaginären Merkmale von Tieren und Pflanzen eine moralische Bedeutung ausdrückten. So wird beispielsweise erzählt, dass der mythische Richter Verehrter Töpfer (Gao Yao), der dick war wie eine geschälte Melone und die Schnauze eines Pferdes hatte, einen heiligen Widder mit nur einem Horn besaß. Wenn dem Richter ein Fall vorgetragen wurde, pflegte er

Die sagenhafte Kalenderpflanze des idealen Herrschers Erhaben (Yao)

Günstiges Los (Tai Feng), der Glücksgott

seinem Widder zu befehlen, den oder die Schuldige mit dem Horn zu stoßen. Der Widder ging niemals mit seinem Horn gegen Unschuldige los. Auf ähnliche Weise wurde der ideale Herrscher Erhaben (Yao) in der Verwaltung des ersten menschlichen Gemeinwesens von drei Wunderpflanzen unterstützt. Der einen Pflanze wuchs jeden Tag ein neues Blatt, bis sie fünfzehn hatte, danach verlor sie jeden Tag eines. So diente sie Erhaben als ein natürlicher Kalender. Die zweite Pflanze besaß nicht nur die Gabe der Prophezeiung, sondern konnte auch als Ventilator gebraucht werden: Wenn man sie in eine heiße Küche stellte, sorgte sie für Kühlung, indem sie ihre großen Blätter wie einen Fächer schwenkte. Die dritte Pflanze besaß die Fähigkeit, zu erkennen, ob jemand ein Schmeichler war. Wenn ein Schmeichler an den Hof von Erhaben kam, neigte sie sich dem Heuchler zu und deutete in seine Richtung.

Die wichtigste Quelle für Tier- und Pflanzenmythen ist das *Buch der Berge und Meere*. Viele Mythen handeln von Unheil verheißenden Vögeln. Der Vogel, der wie ein Hahn aussieht, aber ein menschenähnliches Antlitz besitzt und nach seinem Ruf Fu-Schi genannt wird, kündigt den Ausbruch eines Krieges an. Das Auftauchen eines menschenähnlichen Tiers mit Schweineborsten, das ein

Der Gott Land-Mein (Lu Wu)

Geräusch macht, als ob Holz gehackt würde, sagt voraus, dass eine Aushebung von Soldaten stattfinden wird.

Das genannte Buch ist auch eine wertvolle Quelle für die Ikonografie der Gottheiten. Viele Gottheiten besitzen diverse tierische Merkmale wie Schweineohren, Hirschgeweihe, Echsenkörper, Affenschnauzen, Schwingen, Hörner, den Körper eines Rindes, die Klauen eines Tigers, den Schweif eines Panthers, das Antlitz eines Menschen oder einer Eule. Viele sind Hybridwesen, die in sich die physischen Attribute mehrerer realer oder imaginärer Kreaturen vereinigen. So besaß Urdunkel (Hundun), der Gott des Chaos, einen schweineartigen Körper, Raubtierpfoten und vier Schwingen, aber weder Kopf noch Antlitz. Der Glücksgott Günstiges Los (Tai Feng) hat die Gestalt eines Menschen, besitzt aber ein Fell und den Schwanz eines Tigers. Die Gottheit, die dem aufständischen Gott Gemeinschaftliche Arbeit half, hatte den Körper einer Schlange und neun Menschenköpfe. Die Gottheit Land-Mein (Lu Wu) besitzt die Gestalt eines Tigers mit neun Schwänzen, Raubtierklauen und neun Menschenköpfen. Die Gottheit Himmelsgott (Tian Shen) gleicht einem Ochsen, hat aber acht Füße, zwei Köpfe, den Schwanz eines Pferdes und brummt wie ein

Der Gott Trommelberg (Gu Shan)

Käfer. Das Erscheinen dieses Gottes ist ein Vorzeichen für den Ausbruch eines Krieges. Der Gott Trommelberg (Gu Shan) war ein Drache mit menschlichem Antlitz. Doch nachdem er zur Vergeltung für die Ermordung eines Gottes zerhackt worden war, nahm er das Aussehen eines raubvogelartigen Milans mit scharlachrotem und gelbem Gefieder an. Sein Erscheinen ist das Vorzeichen einer katastrophalen Dürre.

Die Macht dieser und anderer Gottheiten besteht darin, dass sie die Natur und die Elemente regieren. Sie herrschen über Berge und Flüsse und tun ihr Erscheinen durch Blitz oder Donner kund. Viele Gottheiten dienen der Fruchtbarkeit und bringen Felder, fruchtbare Böden und gute Ernten hervor. Sie sorgen für Sonnenlicht oder Regen, die für das Wachstum der Pflanzen unverzichtbar sind. Der Gott Fackelschatten (Zhu Yin), der auf dem Glockenberg lebt, regelt den Tageslauf. Wenn er die Augen öffnet, wird es Tag, wenn er sie schließt, wird es Nacht. Wenn er bläst, ist es Winter, wenn er ruft, ist es Sommer. Dieser Gott trinkt nicht, isst nicht und atmet nicht, denn wenn er einmal atmet, gibt es schwere Stürme. Er wird als fünfhundert Kilometer lange scharlachrote Schlange mit menschlichem Antlitz dargestellt.

Embleme und Attribute

Mythische Kreaturen dienen als Embleme der Götter. Drei Rotkehlhüttensänger sowie Raubkatzen sind die emblematischen Begleiter der Königinmutter des Westens, der Göttin der Seuchen und Strafen, die selbst mit dem Körper einer Tigerin und dem Schweif eines Panthers dargestellt wird. Später wurde der neunschwänzige Fuchs zu ihrem Emblem. Weitere emblematische Tiere sind der Widder des göttlichen Wissens als Begleiter des mythischen Richters Gao Yao, der Ziegenmelker als Seele des verbannten Königs Obacht, der Bär als Verkörperung der mythischen Helden Riesenfisch (Gun) und Reptilienspur (Yu) sowie die Kröte und der Hase im Mythos der Mondgöttin Ewig Erhabene (Chang E).
Andere natürliche Dinge und Wesen sind emblematisch mit den Mythen bestimmter Gottheiten verbunden, beispielsweise die Hirse mit dem Getreidegott Hirseherr; der Rotahorn mit dem Kriegsgott Scherzreich; die Eule und die Schildkröte mit Riesen-

Der neunschwänzige Fuchs, ein göttliches Emblem der Königinmutter des Westens

Antwortender Drache (Ying Long), ein göttlicher Rächer und Regenbringer

fisch (Gun), dem Helden, der daran scheiterte, die Flut einzudämmen; und der Regen mit dem Antwortenden Drachen, dem göttlichen Helfer des Großen Gottes Gelb. Schlangen von unterschiedlicher Färbung begegnen als Attribute vieler Gottheiten. Sie werden von diesen Gottheiten oder mythischen Wesen in der Hand gehalten, unter den Füßen zertreten, in den Ohren oder auf dem Kopf getragen oder von ihnen mit den Zähnen zermalmt. Schlangen dienen auch als Wächter an den Grabstätten von Göttern oder Heroen, die in eine andere Gestalt verwandelt wurden.

Der Weltenbaum

Der Mythos des Weltenbaums wird in mehreren Abschnitten der klassischen Texte erwähnt. Der Weltenbaum ist ein *axis mundi*, das heißt, er bezeichnet den Punkt, wo Himmel und Erde im Mittelpunkt des Kosmos zusammenkommen. Von dem Hausbaum (Jian Mu) heißt es, er stünde im Zentrum der Welt. Er wirft keinen Schatten und verschluckt jedes Echo. Sein Stamm erreicht eine Höhe von dreihundert Metern, ohne Äste zu treiben, darüber verzweigen sich die Äste in neun undurchdringliche Gehölze, während die Wurzeln neun verbundene Knoten ausbilden. Ein weiterer Weltenbaum, der in den mythischen Erzählungen erwähnt wird, ist der riesige Pfirsichbaum (Da Tao Mu), der eine Leiter zum Himmel darstellt. In seiner Krone befinden sich die Himmelstore, die von strengen strafenden Gottheiten mit grausamen wilden Tieren bewacht werden, die böse Sterbliche daran hindern, das Paradies zu betreten. Als *axis mundi* dienen auch der Dreifache Maulbeerbaum, der Sucherbaum, der Eintrachtsbaum und der Geneigte Maulbeerbaum.

Der bedeutendste dieser mythologischen Bäume ist der Geneigte Maulbeerbaum (Fu Sang). Er wächst im Osten und befindet sich in der Nähe des Tals der Kochenden Wasser (oder, nach anderer Überlieferung, des Tals der warmen Quellen). Sein Stamm soll eine Höhe von hundert Meilen erreichen. Er hat als einzige Aufgabe, in seinen Ästen die zehn Sonnen zu bergen, nachdem sie ihre Reise über den Himmel vollbracht haben und von der Sonnenmutter Hauch-Verschmelzung (Xi He) gewaschen und gesäubert wurden. Wenn die Sonnenscheibe, die an der Reihe ist, den Tageslauf anzutreten, getrocknet und erfrischt ist, wird sie von einem Vogel auf die Spitze des Geneigten Maulbeerbaums getragen, um von dort ihre Reise um die Welt zu beginnen.

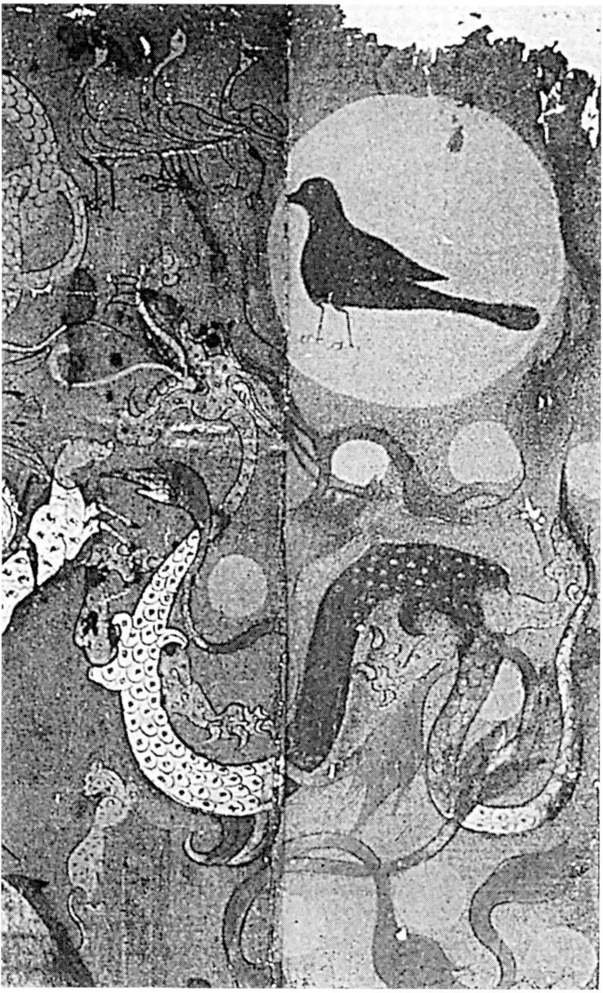

Der Geneigte Maulbeerbaum (Fu Sang), der Weltenbaum, in dessen Zweigen die zehn Sonnen hängen. Auf diesem Ausschnitt einer einzigartigen Seidenmalerei aus einem Grab in Mawangdui ist der Vogel dargestellt, der an jedem Tag die jeweils ihren Tageslauf antretende Sonne zur Spitze des Baumes trägt

Der Weltenberg

Eine weitere Form des *axis mundi* ist der Weltenberg. Am bedeutendsten innerhalb der chinesischen Mythologie ist dabei das im Westen des Landes gelegene Kunlun-Gebirge. Einer seiner Gipfel gilt als Heimat der vom Himmel hernieder gestiegenen Gottheiten. Der Gipfel, der als Jadeberg (oder Flammenberg) bezeichnet wird, ist das Reich der Königinmutter des Westens. Das Weltgebirge des Kunlun wird außerdem auch von Schamanen aufgesucht, die von seinen schwindelerregend hohen Gipfeln ihre Himmelsreisen antreten und an seinen höchsten Abhängen das Kraut der Unsterblichkeit sammeln. In diesem irdischen Paradies leben viele mythische Tiere und Pflanzen. Sein Wächter ist die Raubkatze Offenhell (Kai-ming), die neun Köpfe mit menschlichen Gesichtern besitzt, welche alle nach Osten blicken. Weiterhin leben dort Schlangen, ein Drache, wilde Raubkatzen und Raubvögel, darunter der sechsköpfige Habicht und die heilige Kreatur Schaufleisch (Shi Rou), eine Fleischmasse von der Gestalt einer Ochsenleber mit zwei Augen. Wenn sie verzehrt wurde, wächst sie wieder zu gleicher Gestalt heran. Drei Paradiesesvögel hüten das Paradies des Kunlun. Sie tragen eine Schlange auf ihren Köpfen, treten auf eine Schlange und haben das scharlachrote Bild einer Schlange auf ihrer Brust. Außerdem sind ihre Köpfe gepanzert. Zwölf wundersame Bäume gedeihen auf dem Kunlun-Gebirge, darunter der Baum der Unsterblichkeit, der kostbare, von einem dreiköpfigen Mann bewachte Jadebaum, der Weisheitsbaum und der Baum des süßen Wassers. In diesem Gebirgsparadies sorgten sechs Schamanen für die Leiche des ermordeten Gottes Kerbenriss und hielten das Kraut der Unsterblichkeit über sie, um sie wieder zum Leben zu erwecken.

Der Weltenberg besitzt eine wichtige kosmologische Funktion. In einem der chinesischen Weltschöpfungsmythen wird die Welt als eine Himmelskuppel beschrieben, die vermittels von insgesamt vier großen Bergen mit der Erdscheibe verbunden ist. Einer dieser Berge, der Unrunde, wird in dem Katastrophenmythos des aufrührerischen Gottes Gemeinschaftliche Arbeit erwähnt. Dieser lehnte sich gegen die Macht des Himmelsgottes auf und stritt mit ihm um die Vorherrschaft; dabei rüttelte er an dem Pfosten, der den Himmel im Norden stützt, dem unrunden Berg. Andere Namen für diese Himmelspfeiler sind der unrunde Kinderträgerberg, der Berg Ungerade und der Berg Unganz. Diese Berge dienen nicht als Weltachsen, sondern als natürliche Felshemmnisse, die den Himmel von der Erde trennen und damit die ursprüngliche Schöpfung erhalten.

Neben dem irdischen Paradies des Kunlun im gebirgigen Westen Chinas werden weitere utopische Landschaften in mythischen Erzählungen beschrieben. Sie sind voller mythischer Tiere und Pflanzen. Die Orte, wo Götter oder Heroen begraben wurden, sind solche Utopias. Sie werden mit typischen mythischen Motiven ausgeschmückt. Man begegnet in ihnen der kosmischen Zahl Neun, die den göttlichen Himmel bezeichnet, und der Farbe Scharlachrot, dem Emblem der lebenspendenden Macht. Zu den utopischen Motiven gehören die Idealvorstellungen von riesiger Größe, unendlichem Raum und großer Weite. Diese Vorstellungen beschwören ein lebhaftes Abbild des Himmelsarchetyps.

Seltsame Länder und Völker

Der Mythos von Reptilienspur (Yu) und der großen Flut bildete die Inspiration für die frühesten chinesischen Schriften zur Geografie. Einige Erzählungen beschreiben seine Reise durch die mythologische Welt der neun, von den vier Meeren umgrenzten Provinzen. Nach diesen Berichten kartierte er, als er über die Flüsse und Berge zog, um die Flut einzudämmen, die Länder und listete die Namen und Sitten der verschiedenen Stämme und Völker auf. Frühe chinesische Bücher erwähnen zahlreiche Völker, die an den Grenzen der Gebiete des Shang-, dann des Zhou-Reiches und schließlich des wesentlich größeren Han-Reiches lebten. (Diese drei Dynastien beherrschten China zwischen 1700 v. Chr. und 200 n. Chr.) Die Völker, die als Nachbarn jenseits der Grenze lebten, waren nichtchinesischer ethnischer Zugehörigkeit. Zu ihnen zählten die tibeto-birmanischen Qiang des Nordwestens, die wahrscheinlich mit dem alten Volk der Rong verwandt sind, von dem die Zhou abstammten, sowie die Miao-Yao am Yangtze, zu denen die Ba in Sichuan und der in Hunan lebende Stamm der Man gehörten. Im fernen Süden lebten die Tai; die Yi gehörten der austro-asiatischen Sprachgruppe in Ostchina an. Die Di waren ein Volk, das im Norden wohnte, ebenso die Xiongnu, die vielleicht mit den antiken Skythen zusammenhängen.

Gegen 100 v. Chr., zur Zeit der Han-Dynastie, reisten die ersten offiziellen chinesischen Gesandten in fremde Länder und zeichneten ihre Erlebnisse auf. Diese Berichte wurden in die ältesten historischen Schriften einbezogen. Die Historiker der Han-Zeit berichte-

ten recht unvoreingenommen von den Sitten, dem Erscheinungsbild, den Sprachen und Namen der ausländischen Völker.
Es gab aber auch phantasiebegabte Reiseschriftsteller, die in ganz anderer Weise über Völker schrieben, die sie jenseits der chinesischen Grenzen angetroffen haben wollten oder von denen sie gehört hatten. Ihre Aufzeichnungen gehören der Mythologie und nicht der Geschichtsschreibung an. Diese Autoren betrachteten Ausländer abschätzig; häufig wurden für die Wiedergabe der Namen fremder Völker Schriftzeichen verwendet, die andeuteten, dass jene tierische Eigenschaften hätten oder missgebildet seien. Die Fremden wurden als Menschen von seltsamer Farbe und unförmiger Gestalt dargestellt, und diese mythologischen Eigenschaften kamen auch im Namen ihrer Länder zum Ausdruck. So erfanden diese Autoren die Länder der Spaltzüngler, der Dreiköpfigen, der Haarigen, der Weißen, der Schlappohrigen, der Bauchlosen, der Einäugigen, der Einarmigen und der Einfüßler.
Manchmal enthalten diese mythologischen Beschreibungen nützliches soziologisches Material über einen unbekannten Stamm. Namen, die auf eine physische Deformation deuten – wie etwa der der Einäugigen –, können sich durch die Praxis eines gesellschaftlichen Brauchs erklären, nach dem Verstümmelungen etwa zum Zweck der Bestrafung oder aber der Gruppenidentifikation durchgeführt wurden. Der Name der Spaltzüngler verweist auf den Brauch, die Zunge in einem schamanistischen Initiationsritus zu zerschlitzen. Andere Namen, so der der Tiefäugigen oder der Weißen, benennen ethnische Merkmale nichtchinesischer Völker. Völker, die als zweiköpfig oder zweikörperlich beschrieben werden, könnten auf das Vorkommen so genannter siamesischer Zwillinge hinweisen.
Die negativen Beschreibungen von Ausländern spiegeln die tief sitzenden Ängste der klassischen Autoren bezüglich des Verhältnisses zwischen der Identität der Chinesen und dem kulturellen »Anderen« wider. Viele Erzählungen über ausländische Völker versuchen aber auch, deren Ursprünge und Sitten durch das Medium des Mythos zu erklären. Das gilt beispielsweise für den Mythos von der Entstehung des Landes und Namens der Lochbrüsti-

gen. Es heißt darin, dass eine Gottheit verspätet zu der von dem halbgöttlichen Heros Reptilienspur (Yu) anberaumten Götterversammlung eintraf und Reptilienspur diese deshalb erschlug. Als er dann dabei war, die große Flut einzudämmen, kam er auch in das Land dieser erschlagenen Gottheit, wo ihn zwei Dienstleute angriffen, die ihren Herrn rächen wollten. Sie durchbohrten Reptilienspur, der aber von zwei Drachen in den Himmel getragen wurde. Dadurch, dass Reptilienspur durch ein Wunder gerettet wurde, erkannten die beiden Diener, dass er ein Gott war, und erstachen sich selbst zur Sühne für ihren Angriff. Reptilienspur aber erbarmte sich ihrer und gab ihnen mit dem Kraut der Unsterblichkeit das Leben zurück. Hinfort trugen die Menschen dieses Landes ein Loch oder eine Höhlung in ihrer Brust als Erinnerungsmal an diese Episode.
Der Mythos vom Land der Einarmigen besitzt die Merkmale eines Migrationsmythos. Es heißt, dass die Menschen dieses Landes nur einen Arm, aber drei Augen besitzen, mit denen sie bei Tag und

Menschen des Volkes der Lochbrüstigen

Ein Reisender aus dem Land der Einarmigen auf seiner Flugmaschine

bei Nacht sehen können. Sie reiten auf gescheckten Pferden, und ein zweiköpfiger, bunt gefiederter Vogel sitzt neben ihnen. Sie sind geschickte Vogeljäger und kennen einfallsreiche Verfahren, um schwere Lasten auf ihren Schultern zu tragen. Diese Menschen sind aber auch sonst erfinderisch. Eine ihrer berühmtesten Erfindungen war eine Flugmaschine, die die Luftströmungen ausnutzte. Zu der Zeit, als Tang der Eroberer herrschte, sollen sie mit einem Westwind in das Land der Shang gekommen sein. Der König fürchtete, dass sein Volk von der Erfindung dieses Transportmittels erfahren würde und zerstörte die Flugmaschinen. Doch später bauten die Einarmigen neue, und der König gestattete ihnen schließlich, mit diesen die Rückreise in ihre Heimat anzutreten.

Vögel spielen im Repertoire der chinesischen Mythen eine große Rolle. So gibt es den Mythos von dem Volk der Gefiederten (Yu Min), die in Eiern ausgebrütet werden und gefiedert zur Welt kommen. Diese Menschen sollen einen Vogelschnabel, rote Augen und weiße Köpfe haben. Mehrere Mythen berichten davon, wie heilige Vögel Menschen lehrten, durch das Essen von Vogeleiern zu überleben. In dem Mythos von den Meng Xi, Mischwesen aus Mensch und Vogel, begegnen wir den mythischen Themen der Tierzähmung, der Entstehung von Nahrungsgewohnheiten (Sitiogonie) und der Wanderung. Die Meng Xi (»Großen Xi«) besitzen einen Menschenkopf und einen Vogelkörper. Die Geschichte beginnt damit, dass die Gründer dieses Volkes alle Vögel und wilden Tiere zähmten und die ersten waren, die Eier aßen. Als das Volk nach einem besseren Land auswandern wollte, führten es heilige Vögel in seine neue Heimat in den Bergen und zeigten ihm Siedlungsplätze, wo es prächtige, über zweitausend Meter hohe Bambuspflanzen gab. Die heiligen Vögel lehrten die Meng Xi, welche Teile des Bambus essbar waren, und das Volk entschloss sich zur Ansiedlung an diesem Ort.

Im Mythos vom Land der Frauen finden sich die mythischen Motive des Geschlechterkampfes, der Geschlechterrollen, des Matriarchats, der jungfräulichen Geburt und des fruchtbar machenden Bades. Wie schon erzählt, soll sich das Land der Frauen nördlich jenes Landes befinden, wo ein Schamane lebte, der das Geheimnis wusste, wie sich eine Leiche wieder zum Leben erwecken lässt. Das Land der Frauen ist von Gewässern umschlossen und liegt zu Seiten eines gelben Teichs. Die Frauen werden schwanger, wenn sie in diesem gelben Teich baden. Falls ein Knabe geboren wird, geben ihm die Mütter keine Nahrung und lassen das Kind sterben, bevor es das dritte Lebensjahr erreicht. Nur Mädchen bleiben deshalb am Leben. Dem mythischen Motiv des schwängernden Bades begegnen wir auch in dem Ursprungsmythos von der Ahnin der Shang-Dynastie. Die Farbe Gelb spielt außerdem in dem Mythos von der Erschaffung der Menschheit durch Frau Gua eine Rolle, weil diese Göttin die Menschen aus gelbem Lehm knetete.

Die wertvollste Quelle für die Mythen, die sich um ferne Länder und Völker ranken, ist wiederum das *Buch der Berge und Meere*. Die letzten Kapitel dieses Werks enthalten zahlreiche genealogische Mythen, die berichten, wie Gottheiten verschiedene Stämme, Völker und Länder begründeten. So begründete beispielsweise der große Gott Erster das im Osten gelegene Land der Schwarzzähnler, und ein Gott namens Schlappohr vererbte seinen Nachkommen deren Land und seinen Namen. Der Heros Reptilienspur (Yu) soll die Erschaffung des Volks der Haarigen ausgelöst haben. Als einer seiner Nachkommen eine Gottheit namens Zartmensch tötete, erbarmte sich ein großer Gott der Angehörigen des Zartmenschen und schuf ihnen ein Land. Von diesen Angehörigen stammten die Haarigen ab.

Nach und nach verlor die chinesische Geografie ihre mythischen Züge und wurde zu einer wissenschaftlichen Disziplin, als die alte Welt der Götter, Göttinnen und Heroen der realen Kenntnis des neuen chinesischen Reiches der Han-Dynastie und seiner Nachbarländer und -völker Platz machte. Gleichwohl wurzelten Mythen, die die Unterschiede zwischen den Chinesen und fremden Völkern betonten, tief im Volksbewusstsein und konnten dort zwei Jahrtausende überdauern. Diese Mythen begründeten die Vorstellung von einer kulturellen Hierarchie, in der China der Vorrang gebührte, während andere Länder allenfalls widerwillig anerkannt, sonst aber als Gebiete betrachtet wurden, in denen barbarische Zustände herrschten.

Das Weiterleben mythischer Überlieferungen

Die chinesischen Schriftsteller und Gelehrten gaben das mythologische Repertoire im Wesentlichen in der gleichen Form weiter, in der es zuerst im Altertum aufgezeichnet worden war. Die klassischen Bücher, welche die mythischen Erzählungen enthielten, blieben zu großen Teilen erhalten, und so wurden die Mythen ein Teil der schriftlichen Tradition. Dass sie erhalten blieben, ist hauptsächlich das Verdienst der Achtung der chinesischen Gelehrten vor dem heilig gehaltenen Kanon des Alterums. Jedoch sah sich kein einziger Schriftsteller oder Herausgeber veranlasst, die mythologischen Passagen aus den Schriften der Alten zusammenzustellen und sie zu einer künstlerischen Einheit zu formen.

Dass die mythischen Texte erhalten blieben, bedeutet nicht, dass sie sich nicht mehr veränderten, sobald sie in den Kanon eingegangen und (nach dem Jahr 1000) erstmals gedruckt worden waren. Es bedeutet auch nicht, dass die klassischen Mythen keiner Veränderung von außen mehr unterlegen hätten. Tatsächlich beeinflussten spätere Schriftsteller die Mythen vor allem in zweierlei Hinsicht. Einige Autoren überlieferten die Mythen, indem sie sie in ihren Werken zitierten. Dabei interpretierten sie diese in einem von der ursprünglichen Bedeutung vollständig abweichenden Sinn und veränderten die Mythen gemäß den Sitten und Werten ihrer eigenen Zeit. Das zeigt sich besonders ausgeprägt bei dem ersten Autor, der einen Kommentar über das aus der Zeit des klassischen Altertums stammende *Buch der Berge und Meere* verfasste: Guo Pu (276–324) war ein Gelehrter und Dichter, der unter dem Einfluss der neuen Welle mystischen und alchimistischen Denkens stand, die im frühen 4. Jahrhundert bestimmend war. Wenigstens ein halbes Jahrtausend trennte ihn von den ältesten Mythen, die in dem klassischen Buch aufgezeichnet worden waren. In seiner Zeit wurden die Mythen des Altertums nicht mehr geglaubt, ja teilweise wurden sie gar nicht mehr verstanden. Bei dem Versuch, sie zu deuten, veränderte Guo gelegentlich ihren ursprünglichen Sinn.

Andere Schriftsteller verwarfen bewusst die Inhalte und Bedeutungen der Mythen des Altertums und legten kritische Untersuchungen vor, in denen sie die Taten der Götter und die übermenschlichen Leistungen der Helden des Altertums missbilligten. Einer dieser Schriftsteller war der späte Klassiker Wang Chong (27–100). In seinen Aufsätzen versuchte er, in aller Ausführlichkeit zu beweisen, warum bestimmte mythische Ereignisse nicht stattgefunden haben könnten. Auf moderne Leser wirken seine Argumente gelegentlich komisch, da er sie manchmal mit abergläubischen Ansichten untermauerte, die heute als falsch erwiesen sind. Doch trotz all ihrer Vorurteile und Verständnislosigkeiten gaben Autoren wie Wang Chong die Mythen an die Nachwelt weiter, so dass sie zu einem wertvollen Bestandteil der kulturellen Tradition werden konnten.

Obwohl mythische Erzählungen durch ihre Verschriftlichung gewissermaßen »festgestellt« werden, bleiben sie doch eine lebendige Kraft innerhalb der Glaubensvorstellungen eines Volkes. Die Wirkungsmächtigkeit der antiken Mythen zeigt sich in vielen Erscheinungsformen der chinesischen Kultur – in der bildenden Kunst, in der Religion, in den staatlichen Ritualen, in der Erziehung, im gesellschaftlichen Sittenkodex, in der Geschichtsschreibung, in der Politik und im Ausdruck des nationalen Selbstgefühls.

Am deutlichsten tritt dieser Sachverhalt in der belletristischen Literatur hervor. Der Naturdichter Tao Yuanming (365–427) lebte etwas später als der Mythendeuter Guo Pu. Guo kannte eine Reihe von Illustrationen zu den Mythen, die im *Buch der Berge und Meere* aufgezeichnet waren, und schrieb zu diesen erläuternde Verse. Tao Yuanming verfasste eine berühmt gewordene Folge von dreizehn

Gedichten, »Beim Lesen des *Buchs der Berge und Meere*«, in denen er seine Reaktion auf die Lektüre des klassischen Buchs und auf das Betrachten der Illustrationen – einer Bilderzählung in Form eines Rollbildes – in Verse fasste. Zu den Mythen, die Tao als bewundernswert herausgriff, gehörten die Geschichten von Vater Prahlhans' Wettlauf mit der Sonne, von der in den Unglücksvogel Geisterwache verwandelten Göttin Frau Lieblich sowie die Erzählung von dem kriegerischen Gott Himmelsbestrafter, der auch noch weiterkämpfte, nachdem er enthauptet worden war. Die Auswahl, die Tao aus den Mythen traf, ist dadurch gekennzeichnet, dass es sich in der Mehrzahl um die Mythen gescheiterter Helden handelte. Der Dichter Tao Yuanming lebte in einer Zeit politischer Unruhen, als der chinesische Hof aus dem alten Kernland in der zentralen Ebene vertrieben worden war und sich in das Gebiet südlich des Yangtze hatte zurückziehen müssen. Der Dichter leitete aus den von ihm ausgewählten Mythen die Botschaft ab, dass nicht Sieg oder Niederlage die entscheidende Bedeutung zukommt, sondern der Hochherzigkeit und Entschlossenheit, mit denen man seine jeweiligen Ziele verfolgt.

Der Tang-Dichter Li He (790–816) schrieb innerhalb der bestehenden mythologischen Tradition und beschwor Bilder von Göttinnen, Schamanen und Gestalten der Mystik. Wie Tao lebte er in einer Zeit politischer Unsicherheit, als das Tang-Reich (618–906) von aufrührerischen Kriegsherren bedroht war. Seine Kreativität empfing von der göttlichen Welt des Altertums neue Anregungen. So schrieb er über den Berg Wu, den geheiligten Aufenthaltsort von Göttinnen und Schamaninnen der alten Yangtze-Kultur, den Vers: »Seine Smaragdfelsen durchdringen den Himmel.«

Der Sternenmythos von der unglücklichen Liebe zwischen Weberin und Rinderhirt wurde in der Zeit der Uneinigkeit zwischen den Han und den Tang (220–618) zu einem beliebten Thema der Liebesdichtung. Die im südchinesischen Exil lebenden Dichter identifizierten sich gern mit der mythischen Figur der Weberin, die auf die siebente Nacht des siebenten Monats wartet, die einzige, in der ihrer Liebe Erfüllung beschieden ist. Ihre tragische Sehnsucht kann als eine Allegorie der politischen Enttäuschung der Hofdichter des Südens verstanden werden, die sehnsüchtig nach einer Heimkehr in das alte nördliche Kernland des Reiches verlangten.

Auch der Mythos von der Göttin des im Norden gelegenen Flusses Luo wurde zum Gegenstand literarischer und künstlerischer Werke. Erstmals finden wir ihn in einer rhapsodischen Dichtung des kaiserlichen Dichters Cao Zhi (192–232). Darin ist die Flussgöttin eine kokette und launenhafte Person, die das Liebesverlangen sterblicher Männer zurückweist. Später dann malte Gu Kaizhi (um 344–406) ein berühmtes Seidenrollbild erzählenden Inhalts über die verhängnisvolle Liebe zwischen dem Fürsten und der Göttin. Diese bildnerische Beschwörung der Flussgöttin basierte

Die Göttin des Flusses Luo. Querrollenbild des 12. Jahrhunderts, gemalt im Stil des Gu Kaizhi (um 344 – um 406)

auf Fragmenten mythischer Erzählungen, etwa jenem Bericht, den ein alter Kommentator bewahrte, dass der Jagdgott Bogenschütze Yi davon träumte, er hätte eine Affäre mit Fu Fei, dieser Göttin des Flusses Luo.

Vor kurzem wurde ein einzigartiges, auf Seide ausgeführtes Gemälde in dem Grab einer gegen 168 v. Chr. verstorbenen Hofdame namens Dai (Xin Chui) entdeckt. Diese Grabstätte befindet sich südlich des Yangtze in dem nahe Changsha in der Provinz Hunan gelegenen Ort Mawangdui. Das Gemälde beschreibt die Reise der verstorbenen Hofdame aus der menschlichen Welt, in der sie starb und begraben wurde, in die jenseitige Welt des Paradieses in den westlichen Bergen. Das Gemälde gipfelt in der Szene, wo die unsterbliche Seele der Hofdame – in menschlicher Gestalt mit Wanderstab – nach dem Weg zu den Himmelstoren fragt. Jenseits dieser befinden sich auf der rechten (östlichen) Seite der Weltenbaum, in dessen Zweigen die neun unbeschäftigten Sonnen zum Trocknen aufgehängt sind, und auf der linken (westlichen) der zunehmende Mond mit dem Hasen, der Kröte und der Mondgöttin Chang E (Ewig Erhabene). Als höchste Herrscherin über den Kosmos – bestehend aus den drei Bereichen der Gewässer der Unterwelt, der irdischen Welt der Menschen in der Mitte und der Himmelssphäre oben – erblicken wir auf dem Gemälde eine Göttin mit Schlangenschwanz und lang herabwallenden Haaren, von der ein göttlicher purpurroter Lichtschein ausgeht. Vögel umschweben sie, die in himmlischer Harmonie singen. Der anonyme Maler dieses außerordentlichen Bildes, einer Begräbnisfahne aus Seide, hat sich die alten Mythen schöpferisch zu Nutze gemacht, um den Übergang der verstorbenen Hofdame in das Paradies darzustellen. Die Figur, die zum Mond hinaufgetragen wird, könnte die Mondgöttin darstellen, aber auch die wieder zu einem jungen Mädchen verjüngte Gestalt der Hofdame Dai repräsentieren. Die dominierende Göttin, die oben in der Mitte des Bildes zu sehen ist, könnte die mächtige Schöpfungsgottheit Frau Gua sein, aber auch die Königinmutter des Westens, die grüßend zu der jungen Frau hinblickt, die durch die Wolkendecke zum Mond entschwebt. Da es in China Sitte war, dass Grabmäler, Särge und Be-

Seidenmalerei aus dem Grab der Hofdame Dai (Xin Chui), Mawangdui, frühe Han-Dynastie. Die dargestellte Bilderzählung besteht aus neun Episoden (siehe Seite gegenüber)

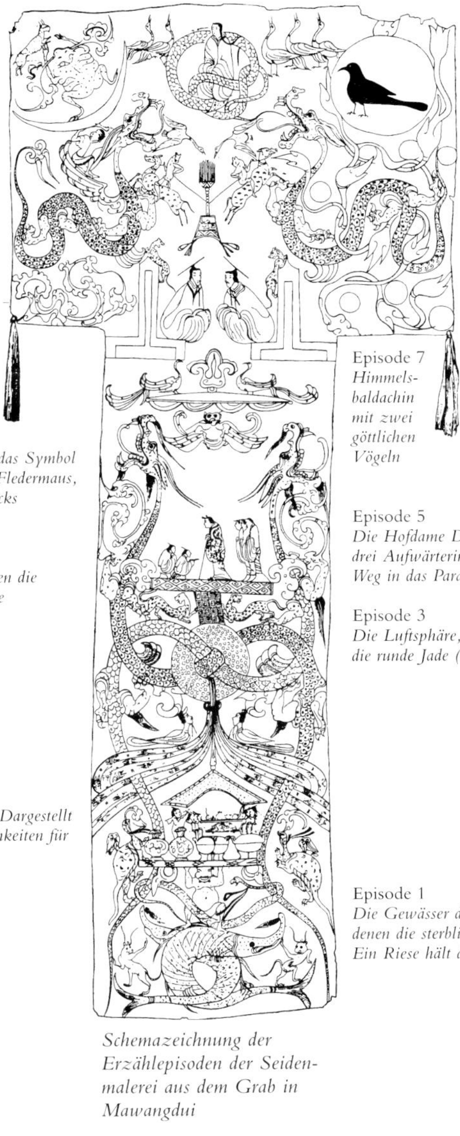

Episode 9
(links) *Oberhalb der Mondsichel befinden sich der Hase und die Kröte, die das Kraut der Unsterblichkeit hält. Darunter ist die Figur einer jungen Frau sichtbar, die entweder die Mondgöttin oder die unsterblich gewordene Hofdame Dai darstellt.* (In der Mitte darunter) *Die Glocke des Schicksals*

Episode 8
Die Wächter der Himmelstore

Episode 6
Entweder die Eule, das Symbol des Todes, oder die Fledermaus, das Symbol des Glücks

Episode 4
Raubkatzen bewachen die heilige Himmelskarte

Episode 2
Die Menschenwelt. Dargestellt die Begräbnisfeierlichkeiten für die Hofdame Dai

Episode 9
(Mitte oben)
Eine schlangenartige weibliche Gottheit, die Herrscherin des Kosmos. Unter ihr sammeln zwei Vögel den Dampf des Begräbnismahls. (Rechts) *Die aufgehende Sonne mit dem heiligen Vogel, der sie an die Spitze des Weltenbaums getragen hat, in dem die übrigen Sonnen hängen*

Episode 7
Himmelsbaldachin mit zwei göttlichen Vögeln

Episode 5
Die Hofdame Dai, begleitet von drei Aufwärterinnen, erfragt den Weg in das Paradies

Episode 3
*Die Luftsphäre, symbolisiert durch die runde Jade (*bi*)*

Episode 1
Die Gewässer der Unterwelt, in denen die sterbliche Seele vergeht. Ein Riese hält die flache Erdscheibe

Schemazeichnung der Erzählepisoden der Seidenmalerei aus dem Grab in Mawangdui

gräbnisgegenstände vor dem Tod der jeweiligen Person angefertigt wurden, für die sie bestimmt waren, ist es wahrscheinlich, dass die Hofdame Dai selbst die Herstellung der Fahne beaufsichtigte, die bestimmt war, bei ihrer Beisetzung auf ihren Sarg gelegt zu werden, und den Maler anwies, auf dieser die von ihr besonders geliebten mythischen Geschichten abzubilden.
Die ethnischen Mythen, die sich im *Buch der Berge und Meere* finden, drückten ursprünglich die Furcht der Chinesen vor den unbekannten Ländern und Völkern jenseits der Grenzen aus. Die Struktur dieses klassischen Buchs beschreibt eine mythische Reise durch China in die Randgebiete aller vier Himmelsrichtungen. Auf erfindungsreiche Weise benutzte der im späten 18. Jahrhundert lebende Schriftsteller Li Ruzhen (1763 – um 1830) diese Struktur und das Motiv der Reise in seltsame Länder und zu fernen Völkern. Er übertrug die antiken Mythen in einen originellen und amüsanten Roman, der nicht die Ausländer, sondern die Chinesen zum Gegenstand seiner Satire machte. Sein Roman *Spiegel und Blume in seltsamer Beziehung* (*Djing Hua Yuan*) berichtet von der Reise des Helden durch imaginäre Länder, die ähnliche oder gleiche Namen tragen wie jene des klassischen Buches. In der Beschreibung grotesker Gebräuche, Sitten und Verhaltensweisen, denen der Held bei den verschiedenen Völkern begegnet, kritisier-

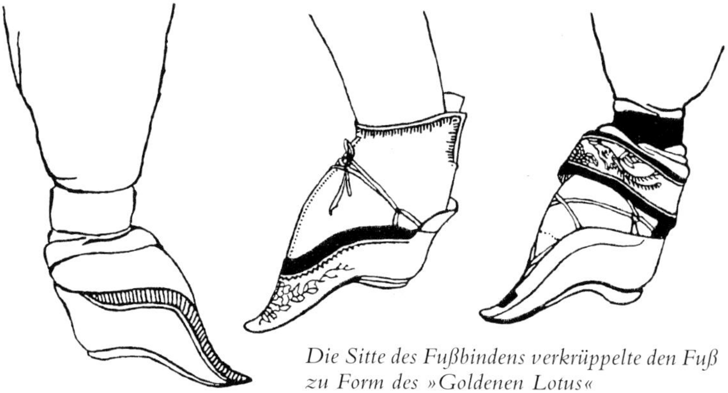

Die Sitte des Fußbindens verkrüppelte den Fuß zu Form des »Goldenen Lotus«

te der Autor negative Eigenschaften, die er in seinem eigenen Land wahrzunehmen glaubte, so die Heuchelei im Land der Zweigesichtigen, die Gier im Land der Langarmigen oder die übertriebene Ernsthaftigkeit im Land der Gelehrten. Das Land der Frauen nutzte er zur Kritik an der chinesischen Sitte des Fußbindens: Da in diesem Land Frauen die Männerrolle übernehmen, müssen hier die Männer die Qual über sich ergehen lassen, dass ihre Füße in die sexuell begehrte Form des »Goldenen Lotus« verkrüppelt werden. Die Umkehrung der Geschlechterrollen, deren sich Li bediente, war ein wirksames Mittel der Gesellschaftssatire und ist ein gutes Beispiel für die fortdauernde Kraft des Mythos, traditionelle Sitten und Glaubensvorstellungen in Frage zu stellen. (Diese Episode des Romans liegt auch in deutscher Übersetzung vor: Li Ju-Tschen, *Im Land der Frauen*, übers. von F. K. Engler, Zürich 1970.)

Mythen von göttlichen Kreaturen und tiergestaltigen Gottheiten sind ein lebendiger Bestandteil der chinesischen Kultur, namentlich in den bildenden und darstellenden Künsten. Die beliebteste mythische Tierfigur ist die des Affenkönigs (Mei Hou Wang) der chinesischen Oper. Die Oper vom Affenkönig basierte auf dem im 16. Jahrhundert entstandenen Roman *Die Reise nach dem Westen*, der Wu Chengen (um 1506–1582) zugeschrieben wird. (Dt.: Wu Ch'êng-ên, *Der rebellische Affe*, nach der engl. Ausg. von Arthur Waley übers. von Georgette Boner und Maria Nils, Reinbek 1961.) Der Roman erzählt von der Pilgerfahrt eines Mönchs, der von China nach Indien reist, um dort buddhistische Schriften zu sammeln. Die Hauptgestalt des Romans ist aber sein Begleiter Affenkönig, der »über den Zustand der Leere erleuchtete Affe«. Die übrigen Gefährten des Mönchs sind Eber, Sandmönch und Weißpferd. Die Oper konzentriert sich auf den Schabernack, den der Affenkönig treibt, sowie auf seine gottgleichen Kräfte, mit deren Hilfe er sich verwandeln und magische Reisen unternehmen kann.

Die Flutmythen der klassischen Schriften verloren in der modernen Zeit an Bedeutung gegenüber den Geschichten von der Weltflut, welche bei südchinesischen Minderheitengruppen mündlich überliefert wurden. Neunundvierzig Versionen dieser Flutge-

Der Affenkönig (Mei Hou Wang), die beliebteste Gestalt der chinesischen Oper

Das Grabmal des Himmelsgottes Jung Himmelsheiter (Shao Hao)

schichte sind überliefert, die alle einen ähnlichen Inhalt aufweisen. Dieser Mythos erzählt von einer Sintflut, in der die gesamte Menschheit umkam mit Ausnahme eines Mannes und seiner Schwester, die überlebten, weil sie in einen riesigen Flaschenkürbis stiegen, der auf den Wassern schwamm. Als die Flut zurückging, wurde der Flaschenkürbis wieder an Land gespült. Die

Geschwister vermählten sich und begründeten das neue Menschengeschlecht. Das Thema der Geschwisterehe begegnet auch in einem der späten Mythen über die Begründung der Institution der Ehe, in dem von einem namentlich nicht bezeichneten Mann und seiner Schwester, der Frau Gua, die Rede ist. Wir wissen nicht, wie alt jener bei den ethnischen Minderheiten überlieferte Flutmythos ist; aufgezeichnet wurde er jedenfalls erst im 20. Jahrhundert. Er ist ein Beispiel für die vielen Mythen von ethnischen Gruppen, die im Verlauf der Jahrhunderte in das politische System Chinas integriert wurden und deren Mythen mit den orthodoxeren Mythen der gebildeten Elite zusammen existierten.

Manche Mythen lebten weiter, weil historische Persönlichkeiten von wirkungsmächtiger Symbolik an sie angeknüpft wurden. So wurde beispielsweise das Grab des großen Himmelsgottes Jung Himmelsheiter (Shao Hao) in die Nähe des modernen Schreins des Konfuzius (um 551–479 v. Chr.) verlegt, der sich in Qufu in der Provinz Shandong in der Nähe des Schreins des Menzius befindet. Angesichts der Flexibilität der Mythen ließ sich das Grab des Gottes in den Osten des Landes verlegen, obschon er ursprünglich ein Gott des Westens gewesen war.

Eine der grundlegenden Lehren der konfuzianischen Moralphilosophie war die Ehrfurcht vor den Eltern. Der Erste, der mythisches Material zur Präsentation dieser Familienethik verwendete, war der Philosoph Menzius (um 372 – um 289 v. Chr.), der sie mit dem Mythos von den drei Versuchungen des gehorsamen Sohnes Hibiskus (Shun) zur Nachahmung empfahl. Später dann wurden Passagen, in denen die Tugend des familiären Gehorsams gepriesen wurde, gesammelt und zu dem klassischen *Buch des kindlichen Gehorsams* zusammengestellt, das zu einem grundlegenden Text für die Erziehung von Knaben nicht nur in China, sondern in ganz Ostasien wurde. Dessen berühmteste Lehre, die in jener Weltregion immer noch Geltung genießt, lautet: »Die wichtigste Regel des kindlichen Gehorsams besteht darin, seine Eltern zu ehren. Die zweite darin, ihnen keine Schande zu machen.« Der archaische Mythos des Sohnes Hibiskus (Shun) wurde, eingefasst in die Konzeption des kindlichen Gehorsams, in den Schriften des Menzius

Der moderne Schrein des Konfuzius

aufbewahrt, die zu einem Bestandteil des klassischen Kanons des Konfuzianismus wurden. Neu belebt wurde jener Mythos dann durch die Schriften des berühmten mittelalterlichen Gelehrten Zhu Xi (1130–1200) und des spätmittelalterlichen Philosophen Wang Yangming (1472–1529).
Die Flexibilität und Vitalität des Mythos erwies sich auch in der Art und Weise, in der die Taiping-Rebellen des 19. Jahrhunderts in ihrer revolutionären Ideologie das Gebot des Gehorsams gegenüber der Familie aufgriffen. Obschon die fremdenfeindlichen und anarchischen Anhänger des Taiping-Führers Hong Xinquan Bilder und Tempel konfuzianischer, daoistischer und buddhistischer Gottheiten und Würdenträger zerstörten, nahmen sie das alte Ideal des Gehorsams gegenüber Eltern und Familie als zweites Gebot (nach dem ersten der Verehrung Gottes, Jesu und ihres Führers Hong) in ihren Wertekanon auf. Die Taiping-Bewegung flammte als eine gewalttätige ethnische Revolte gegen die Herrschaft der Manchu auf, die China dank ihrer überlegenen militärischen Stärke im Jahr 1644 unterworfen hatten. Der Aufstand erfasste vor allem den Südosten Chinas; sein Mittelpunkt war die

Die Pagode ist ein Teil des Himmelstempel-Komplexes in Beijing

südchinesische ethnische Gruppe der Hakka. Er verblutete in der Region des unteren Yangtze und konnte 1860 endgültig unterdrückt werden.

Zu den wichtigsten Formen, in denen Mythen weitergegeben werden, gehören Rituale. Ein Beispiel dafür ist der aufwändige kaiserliche Ritus am Altar des Himmels, der in der Han-Zeit eingeführt wurde und sich bis in das frühe 20. Jahrhundert fortsetzte. In später Zeit zelebrierte der Kaiser diesen Ritus im Himmelstempel, einem zehn Quadratkilometer großen religiösen Komplex südöstlich des Kaiserpalastes in Beijing. Der Tempel besteht aus drei Gebäuden auf hölzernen Fundamenten, dem Altar des Himmels, dem Kaiserlichen Himmelsgewölbe sowie der »Halle der Jahresgebete« um gute Ernten. Der Ritus der Verehrung des Himmels begann bei Einbruch der Nacht am Vorabend der Wintersonnenwende im Dezember und wurde vom Kaiser in seiner Funktion als Priesterkönig durchgeführt. Der Kaiser, gekleidet in die mit zwölf Symbolen versehene Drachenrobe aus goldbestickter Seide, wurde in Begleitung von zweitausend Männern schweigend auf einem goldenen Thronsessel einen gelben Prozessionsweg entlang getragen, der die Erde symbolisierte. Bei einsetzender Morgendämmerung stieg der Kaiser unter den Klängen sakraler Musik die drei runden, weißen Terrassen des Himmelsaltars hinauf, der die runde Himmelskuppel verkörperte, und erwies dem Himmel seine Verehrung, so wie es seine Amtsvorgänger schon seit zweitausend Jahren getan hatten. Das Gewand des Kaisers war mit zwölf Opferemblemen geschmückt: Auf den Schultern befanden sich die kosmischen Sinnbilder der Sonne und des Mondes, auf der Brust die Sterne. Seiten- und Rückenteile waren mit Darstellungen des Weltenbergs, des Drachens, des Fasans als Symbols der Vollendung, der strafenden Axt als Symbols der Gerechtigkeit, weiterhin mit Wasserpflanzen, zwei Kelchen, Flammen und Reiskörnern bestickt. Die meisten dieser Sinnbilder stammten noch aus der Zeit der Han-Dynastie.

Die mythische Symbolik der Erde, die archaische Vorstellung der viereckigen Welt der Menschen, über die sich die heilige Himmelskuppel wölbt, ist immer noch tief im kulturellen Bewusstsein

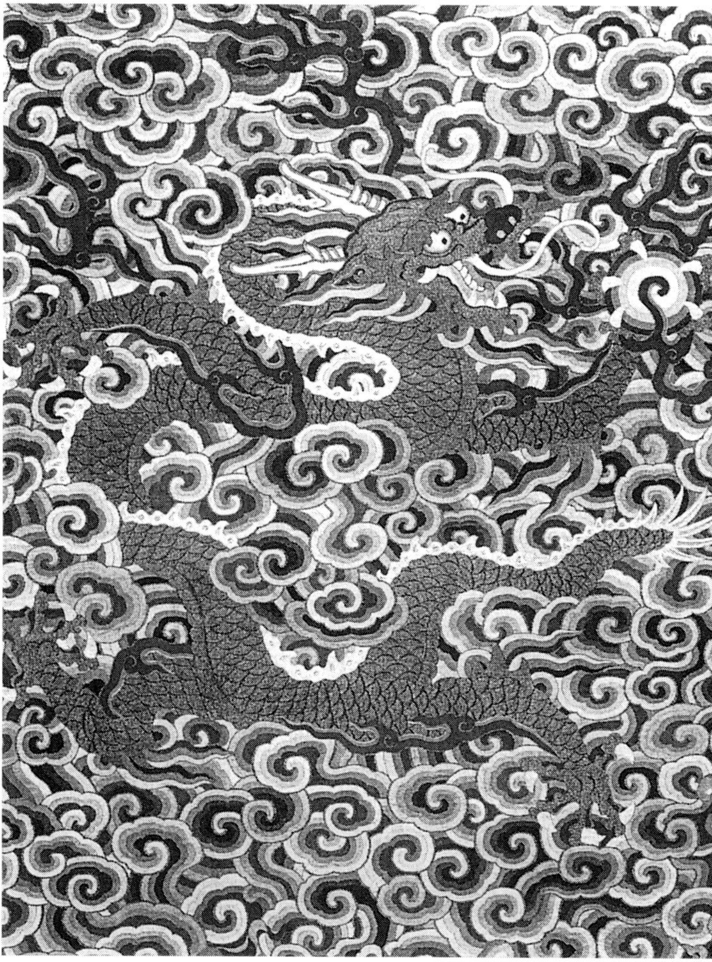

Abbildung eines Details der mit zwölf Symbolen versehenen kaiserlichen Drachenrobe aus goldbestickter Seide

der Chinesen verankert. Dieses mythische Erdquadrat war im Altertum das Symbol Chinas. Als die Menschen des antiken China von anderen Ländern und Völkern jenseits ihrer Grenzen erfuhren, entwickelten die chinesischen Schriftsteller diese Vorstellung in der Weise weiter, dass sie sich den mythischen Raum, der ihr Land war, von vier Meeren und vier abgelegenen Wildnissen an den Grenzen der Erde umgeben dachten. Den mythischen Zentralbereich bezeichneten sie als das »Reich der Mitte«. Für sie war dieser Raum, das Reich der Mitte (Zhong Guo), das Universum, die eigentliche Welt; alles, was außerhalb dieser lag, war kein Bestandteil der zivilisierten Welt. Für die sechzig Millionen Chinesen, die heute außerhalb Chinas – in anderen Teilen Asiens, in Europa oder in Amerika – leben, ist die Vorstellung, dass ihr Heimatland das Zentrum des Universums ist, eine bedeutende Quelle ihres Stolzes, weswegen sie auch das Verlangen empfinden, vor ihrem Lebensende in die Heimat zurückzukehren (*gui*), um dort zu sterben.

Ein machtvolles mythisches Motiv, das in der chinesischen Kultur vom Altertum bis in das 20. Jahrhundert vernehmlich blieb, war die Vorstellung vom Goldenen Zeitalter der vorbildlichen Herrscher Erhaben (Yao), Hibiskus (Shun) und Reptilienspur (Yu). Ihre Auswirkungen zeigten sich in Politik und Geschichte. Schon früh in der politischen Geschichte Chinas diente der Mythos von Erhabens Abdankung zu Gunsten seines würdigen, mit ihm aber nicht verwandten Ministers Hibiskus, bei der er seinen erbberechtigten Sohn überging, erfolgreichen Militärführern zur Rechtfertigung ihrer Rebellionen gegen die legitime Dynastie. Für Kriegsherren wie den General Cao Cao (gest. 220 n. Chr.) versinnbildlichte Erhabens mythische Abdankung den Vorrang der politischen Doktrin der »Abdankung« vor jener der legitimen Erbfolge, wobei »Abdankung« praktisch nichts anderes bedeutete als die gewaltsame Absetzung des rechtmäßigen Kaisers. General Cao Cao war ein Usurpator, und sein Vorgehen, sich den Thron des Han-Kaisers durch dessen »Abdankung« zu verschaffen, wurde von späteren Usurpatoren als politischer und juristischer Präzedenzfall betrachtet.

Erhaben (Yao). Die Beischrift bedeutet: »Der Gott Yao, Fang Hsun, war menschenfreundlich wie der Himmel und weise wie ein göttliches Wesen; wer ihm nahte, fühlte sich wie in der Gegenwart der Sonne, ein Blick auf ihn war wie ein Blick in die Wolken«

Hibiskus (Shun). Die Beischrift bedeutet: »Der Gott Shun, Chung Hua, pflügte jenseits des Berges Li; in drei Jahren hatte er das Land erschlossen«

Auch Sima Qian (um 145 – um 86 v. Chr.), Chinas erster Geschichtsschreiber, eignete sich den Mythos vom Goldenen Zeitalter der Herrscher Erhaben, Hibiskus und Reptilienspur an. In seinen *Aufzeichnungen des großen Historikers* führte er die Anfänge der chinesischen Zivilisation auf das Zeitalter der Götter und das sich anschließende Goldene Zeitalter der idealen Herrscher zurück. Seine Überarbeitung des antiken Mythos erwies sich als so wirkungsmächtig, dass der Archetyp des Goldenen Zeitalters der idealen Herrscher zum Archetyp der ersten menschlichen Regierung überhaupt wurde. In den folgenden Jahrhunderten deuteten die Geschichtsschreiber die mythischen Gestalten Erhaben, Hibiskus und Reptilienspur in reale historische Persönlichkeiten um, die am

Ursprung der chinesischen Kultur und Zivilisation gestanden hätten. Dieser Archetyp wirkte bis in die moderne Zeit weiter. Die Kraft des Mythos, die Sakralgeschichte eines Volkes zu bestätigen und sie wieder in Szene zu setzen, erwächst aus dieser mythologischen Inspiration und nicht aus der vorgeblichen historischen Authentizität.

Literaturhinweise

Das alte China. Menschen und Götter im Reich der Mitte. Hrsg. von der Kulturstiftung Ruhr, Essen. München 1995.

Das alte China. Götter, Mythen, Kulturen. Köln 2001.

Birrell, Anne: Chinese Mythology. An Introduction. Baltimore 1999.

– The Classic of Mountains and Seas. London 1999.

Christie, Anthony: Chinesische Mythologie. Wiesbaden 1968.

Chu, Binjie: Mythen aus China. Übers. von Han Yaocheng und Wang Jiping. Peking 1986.

De Bary, William Theodore / Wing-tsit Chan / Burton Watson (Hrsg.): Sources of Chinese Tradition. 2 Bde. New York / London 1964.

Eberhard, Wolfram: Lexikon chinesischer Symbole. Die Bildsprache der Chinesen. München ^{6}1999.

Gottschalk, Herbert: Sonnengötter und Vampire. Bebildertes Lexikon der Mythologie. Berlin 1978.

Haussig, Hans-Wilhelm / Egidius Schmalzriedt (Hrsg.): Wörterbuch der Mythologie. Bd. 6: Götter und Mythen Ostasiens. Stuttgart 1994.

Hawkes, David: The Songs of the South. An Anthology of Ancient Chinese Poems by Qu Yuan and Other Poets. Überarb. Aufl. Harmondsworth 1985.

Karlgren, Bernhard: The Book of Odes. Stockholm 1974. [Gedichte Nr. 245 und 303.]

Keightley, David N. (Hrsg.): The Origins of Chinese Civilization. Studies on China 1. Berkeley / Los Angeles / London 1983.

Krieg, Klaus Werner: Chinesische Mythen und Legenden. Zürich 1946.

Münke, Wolfgang: Die klassische chinesische Mythologie. Stuttgart 1974.

Perzynski, Friedrich: Von Chinas Göttern. Reisen in China. München 1920.

Rawson, Jessica: Ancient China. Art and Archaeology. London 1980.

Shaugnessy, Edward L.: Das alte China. Im Land des himmlischen Drachen. München 2001.

Sproul, Barbara C.: Schöpfungsmythen der östlichen Welt. Übers. von Konrad Dietzfelbinger. München 1993.

Storm, Rachel: Die Enzyklopädie der östlichen Mythologie. Übers. von Elisabeth Liebl. Reichelsheim 2000.
Tölle, Marianne (Leitung): Im Land des Drachen – China. Übers. von Sabine Göhrmann und Hildegard Rudolph. Amsterdam 1998.
Watson, Burton: The Complete Works of Chuang Tzu. New York 1968.
– Records of the Grand Historian of China. Translated from the Shih chi of Ssu-ma Ch'ien [Shi ji, Sima Qian]. 2 Bde. New York 1961.
Wu Hung: The Wu Liang Shrine. Stanford 1989.
Zheng, Chantal: Mythen des alten China. Übers. von Frank Fiedeler. München 1990.

Die Abbildungen sind, mit Ausnahme der Umschlagabbildung (Mythisches Tier, östliche Zhou-Periode, zwischen 550 und 476 v. Chr.; Institut für Archäologie und Kulturgüter der Provinz Henan), der englischen Originalausgabe entnommen, in der sich auch die entsprechenden Nachweise finden.

Register

Mythen alter Kulturen

In gleicher Ausstattung liegen vor:

Ägyptische Mythen
von George Hart

Aztekische und Maya-Mythen
von Karl Taube

Griechische Mythen
von Lucilla Burn

Keltische Mythen
von Miranda Jane Green

Mesopotamische Mythen
von Henrietta McCall

Mythen der Inka
von Gary Urton

Nordische Mythen
von R. I. Page

Persische Mythen
von Vesta Sarkhosh Curtis

Römische Mythen
von Jane F. Gardner